실어증 및 인지의사소통장애를 위한

언어재활 워크북

이해력 편

김주연 · 서혜경 공저

학지사

머리말

저자들은 병원의 언어재활사로 근무하면서 실어증 및 인지의사소통장애 환자들을 주로 만나오고 있습니다. 임상에서 겪고 있는 가장 큰 불편함은 실어증 및 인지의사소통장애 환자를 대상으로 하는 체계적이고 단계적인 언어치료 프로그램과 활동 자료가 부족하다는 점입니다. 그래서 매 회기마다 활동 자료를 준비하는 데 많은 시간을 할애하게 됩니다.

언어 습득 후, 뇌 손상으로 인한 언어장애의 경우 개개인의 언어능력은 천차만별입니다. 말을 전혀 하지 못하는 환자부터 긴 문장을 사용하지만 의미나 구문은 완전하지 않은 환자까지 다양한 케이스가 있습니다. 언어재활사가 하루에 10명 정도의 환자를 만난다고 하면, 매 회기 사용하는 활동 자료는 모두 다릅니다. 즉, 각 환자에게 적합한 개별화된 자료가 필요하고, 특히 급성기 단계에서는 체계적이고 집중적인 훈련을 위한 자료가 필요합니다.

이는 저자들뿐만 아니라 대다수 언어재활사가 느끼는 공통된 불편함이라고 생각하였습니다. 그래서 다양한 참고문헌과 임상경험을 바탕으로 실어증 및 인지의사소통장애 환자에게 적용할 수 있는 체계적이고 단계적인 프로그램과 활동 자료를 제시하고자 하였습니다. 성인 언어치료는 크게 청각적 이해력, 구어 표현력, 이름대기 능력, 문해 능력 향상을 목표로 하는데, 이번 워크북에서는 청각적 이해력을 촉진할 수 있는 과제들을 중심으로 구성하였습니다. 청각 체계는 언어 습득뿐만 아니라 기능적인 언어를 유지하는 데 가장 중요한 역할을 담당하며, 거의 대부분의 실어증 환자들은 청각 체계의 문제를 보이게 되므로 가장 먼저 구성하게 되었습니다. 과제는 난이도별로 여러 회기에 걸쳐 사용할 수 있도록 많은 문항을 포함하고자 하였습니다. 더하여 이 워크북은 가정에서도 지속적으로 언어재활을 이어가야 하는 환자 및 보호자, 예비 언어재활사, 기타 전문가 등이 쉽게 활용할 수 있도록 각 과제마다 과제 실시 방법을 설명하였습니다.

차례

제2장 단어의 이해 21

제3장 의문사의 이해 49

제7장 담화 이해 239

제1장

워크북 사용을 위한 안내

1. 언어재활이란

2. 언어재활 워크북의 개요 및 활용

언어재활이란

1) 언어

언어란 세상의 사물, 사건, 생각 등을 표현하기 위해 임의적으로 사용하는 기호로 말, 문자, 몸짓 등에 의한 상징체계이다. 구어는 말소리로 구성된 언어의 상징체계, 문어는 문자로 구성된 언어의 상징체계, 수화는 몸짓으로 구성된 상징체계다. 언어는 사람과 사람이 의사소통을 함에 있어서 가장 기본이 되는 수단이 되고, 전달하고자 하는 의미가 특정 문맥에 적절히 적용되도록 내용, 형식, 기능이 조화롭게 만들어져야 한다. 언어는 음운론, 형태론, 구문론, 의미론, 화용론 측면에서 분석할 수 있는데, 음운론은 한 언어에서 음소들이 결합하는 체계 또는 규칙이다. 형태론은 한 언어에서 형태소들이 결합하여 단어를 형성하는 체계 또는 규칙이고, 구문론은 낱말의 배열에 의해 구, 절, 문장을 형성하는 체계 또는 규칙이다. 의미론은 말의 의미(내용)나 이해와 관련되며, 화용론은 실제 상황적 맥락에서 화자와 상대방에 의해서 쓰이는 말의 사용과 관련된다(김영태, 2014).

2) 뇌 손상과 언어장애

뇌 손상은 뇌졸중, 뇌종양, 외상, 감염 등으로 뇌가 제 기능을 하지 못하는 상태를 의미한다. 언어장애는 브로카 영역이나 베르니케 영역과 같은 중요한 센터의 손상으로 야기되며, 활꼴 다발(arcuate fasciculus)과 같이 그 센터를 연결하는 통로의 손상이 원인이 되기도 한다. 구체적으로 살펴보면, 전두엽은 수의적인 행동을 계획하고 집행하는 역할을 한다. 특히 하전두이랑(inferior frontal gyrus)에 위치한 브로카 영역이 손상을 입게 되면 언어를 형성하고 표현하는 데 어려움을 겪게 된다. 다음으로 두정엽은 촉각 · 신체 인지 · 시공간 정보를 지각하고 통합한다.

두정엽의 하두정소엽(inferior parietal lobule)에 위치한 각이랑(angular gyrus) 또한 언어처리에 중요한 역할을 담당하는데, 해당 영역이 손상되면 단어와 개념의 이해에 문제를 초래한다. 측두엽은 청각 자극을 지각하고 처리한다. 상측두이랑(superior temporal gyrus)에 위치한 베르니케 영역은 각회, 뇌섬(insula), 그리고 기저핵(basal ganglia)과 함께 말의 맥락과 의미를 파악하는 역할을 한다. 따라서 베르니케 영역이 손상되면 청각적으로 제공되는 자극 처리에 두드러지는 어려움을 보인다. 마지막으로 후두엽은 시각 정보를 지각하고 처리하는 역할을 한다. 해당 영역이 손상되면 시지각이 왜곡되며, 심각한 경우에는 읽기장애가 발생한다.

언어장애의 양상은 다양하게 나타나는데, 구체적으로 청각적 이해력, 구어 표현력, 이름대기 능력, 문해 능력 등이 저하되며, 뇌 손상 영역에 따라 특정한 영역에서 두드러지는 기능 저하가 나타날 수 있다. 청각적 이해력의 결함은 느린 오름 시간(slow rise time), 소음 축적(noise build-up), 보유 결함(retention deficit), 처리 용량 결함(information capacity deficit), 간헐적인 청각적 지각장애(intermittent auditory imperception) 등과 연관된다(김향희, 2013).

3) 언어재활의 기본 원리

언어재활은 유전적, 신경학적, 심리적 또는 환경적인 원인으로 인하여 정상적인 의사소통이 어려운 환자를 대상으로 말 · 언어장애를 다룬다. 말장애(speech disorders)는 소리를 매개로 한 말의 인식이나 말 산출의 장애를 포함하며 말소리장애, 음성장애, 유창성장애, 말운동장애 등이 포함된다. 언어장애(language disorders)는 언어 습득기에 언어발달에 관련된 장애나 언어 습득 후 사고나 질환으로 인해 후유증으로 생길 수 있는 언어 이해 및 표현의 장애를 말하며, 읽기 및 쓰기의 장애도 포함될 수 있다. 말장애와 언어장애는 동반되어 나타날 수도 있다.

이 책은 언어장애 중에서 실어증(aphasia)과 인지의사소통장애(cognitive communication disorder)를 대상으로 하였다. 실어증이란 언어 습득 시기가 지난 후에 뇌 손상으로 인해 후천적으로 발생하는 언어장애이다. 보편적으로 약 6세에서 9세 정도면 언어 습득 시기가 끝나므로 이 시기 후에 뇌 손상으로 생기는 언어장애가 실어증이다. 인지의사소통장애란 의사소통 결함의 일차적 원인이 언어 능력 저하의 문제가 아닌 주의력(attention), 기억력(memory), 지각력(perception), 통찰 및 판단 능력(insight and judgment), 구성 능력(organization), 처리속도(processing speed), 문제해결력(problem solving), 추론 능력(reasoning), 실행 능력(executive functioning), 상위 인지 능력(metacognition) 등 인지(cognition)를 구성하는 요소의 문제가 의사소통에 영향을 끼치는 것을 말한다.

언어 습득 후 중추신경계 손상으로 인한 언어장애는 언어가 없어진 상태가 아니라 단지 언어 수행력이 저하되어 언어 체계의 효율성이 떨어지는 증세이다. 그러므로 언어를 다시 가르치는 것이 아니라 자극을 통해 언어 처리과정을 활성화시키는 데 중점을 두어야 한다. 이때 자극은 강하고 잘 조절된 집중자극(intensive stimulation)의 형태가 바람직하다. 집중자극은 저하된 청각적 처리(auditory processing)의 수행력을 최대한으로 증진시키는 데 사용된다. 청각적 처리는 감각(sensory)과 감각운동(sensorimotor) 간의 복잡한 상호작용이 가능하게 하는 중요한 연결 수단이며, 이를 통해 언어를 습득하고 조직화한다. 감각자극을 반복적으로 제시하면 뇌에 특정한 패턴이 습득되어 저장되며, 끊임없는 자극은 자연회복 과정을 활발하게 해 준다. 또한 청각 체계(auditory system)는 언어 습득뿐만 아니라 기능적 언어를 유지하는 데 가장 중요한 역할을 담당한다. 따라서 청각 양식(auditory modality)을 대상으로 하는 언어치료를 시행함으로써 다른 언어 양식의 문제를 해결할 수 있다(김향희, 2013).

『언어재활 워크북』의 개요 및 활용

1) 『언어재활 워크북』의 개요

다수의 학자는 실어증 환자의 중심 문제를 청각적 이해력 저하와 기억 폭의 제한으로 보았다. 청각적 이해력 문제의 개선은 나아가 환자 스스로 자신의 오류와 의사소통의 실패를 알아채도록 하는 데 도움을 주며, 구어 산출과 대화 기술 부분에서 향상을 도울 수 있다(Hegde, 2006). 따라서 뇌 손상 이후의 의사소통 능력, 특히 언어 이해 능력은 언어재활에 있어서 긍정적인 예후의 전제조건이 된다(Brooks et al., 1987). 뇌 손상 부위와 실어증의 중증도 및 유형에 따라서 언어재활 방법이 달라질 수 있겠으나, 저자들은 가장 기본이 되는 언어 이해력을 촉진할 수 있는 과제들을 우선적으로 마련하고자 하였다.

청각적 이해는 일반적으로 상향 모델(bottom-up model)과 하향 모델(top-down model)에 의해 이루어진다. 상향 모델은 듣는 사람이 발화의 음소를 분석 및 결합하여 단어를 표상하며, 단어의 의미를 인출하고, 단어 사이의 관계를 결정한다. 그리고 발화의 의미에 대한 심적 표상을 구성하는 일련의 단계를 거쳐 처리된다. 반면, 하향 모델은 자연스러운 듣기 상황에서 말하는 사람이 무엇을 말하려고 하는지에 대해 듣는 사람이 일반적인 추측을 하는 것에서부터 시작하며, 그 기대를 지지하거나 반박하기 위해 듣는 사람의 전체적인 지식을 활용한다. 상위 단계의 처리과정에서 말하는 사람의 의미가 불확실한 경우에만 하위 단계의 언어학적 분석에 의존한다(Brookshire & McNeil, 2014).

일반적으로 정상인은 경험과 지식에 기초한 하향 모델을 통해 담화를 이해하며, 잘 사용하지 않는 단어나 복잡한 문법 등을 처리해야 할 때 상향 모델에 의존하게 된다. 스크립트(script)는 하향 모델에서 중요한 역할을 하는데, 스크립트란 친숙한 일상생활 속에서 일반적으로 일어나는 일로, 일정한 순서에 따라 발생하는 사건에 대한 심적 표상이다. 경도에서 중증도의 실어증 환자의 경우 일반적인 상황의 스크립트에 대한 지식이 보존되어 있는데, 이들이 문장 이해 과제에서 수행력이 저하됨에도 담화 이해 과제에서 높은 수행력을 보이는 현상은, 보존된 스크립트 지식 때문일 수 있다. 그러나 스크립트 지식은 단어뿐만 아니라 문장이나 담화 이해에도 어려움이 있는 경우는 전체 언어를 이해하는 데 도움이 되지 않는다. 따라서 이들에게는 단어 이해에 초점을 두는 치료가 합리적인 치료의 출발점이 된다(Armus, Brookshire, & Nicholas, 1989).

앞서 언급하였듯이 이 워크북에는 뇌 손상 환자의 청각적 이해력을 촉진할 수 있는 과제들을 제시하였다. 단어 이해부터 의문사 이해, 명제 질문 이해, 문장 이해, 연결어미가 포함된 문장 이해, 담화 이해까지 체계적인 훈련 전략과 언어 과제들을 제시하고자 하였다.

2)『언어재활 워크북』의 활용

이 책은 언어재활이 필요한 실어증 및 인지의사소통장애 환자군을 대상으로 하며 다양한 연령층에서 사용할 수 있다. 과제는 총 6개로 구성하였으며 단어, 의문사, 명제 질문, 문장, 연결어미가 포함된 문장, 담화 이해를 포함한다. 과제 실시 방법으로는 임상가가 지문을 소리 내어 읽어 주고, 지시를 하여 행동으로 수행하거나 대답하는 방식으로 진행한다. 표준화된 연습 시간은 없으며, 언어장애의 중증도 혹은 유형 등에 따라 연습 시간을 정할 것을 권고한다.

3)『언어재활 워크북』 과제의 이해

(1) 단어 이해

단어 이해 훈련은 전반적인 이해 수준을 향상시키기 위한 가장 기본적인 단계로 구나 문장을 이해하는 것이 어려운 중증 환자에게 적합하다. 단어 이해 과제는 사물이나 카드를 환자 앞에 배열한 뒤, 목표 단어의 이름을 말하고 환자가 그것을 가리키도록 한다. 이때 임상가는 자극어의 친숙성이나 추상성 등을 조작함으로써 과제의 난이도를 조절한다. 이 워크북에서는 사물 및 전경 그림, 간단한 문장 수준에서 단어를 인지하여 수행하는 과제를 포함하였다. 또한, 단어의 지식을 적절히 활용하여 의미 처리 능력을 증진하기 위한 순서화, 범주화, 비교와 대조, 단어 연상 과제를 제시하였다.

(2) 의문사 이해

의문문은 구문 · 문법적인 정보 처리뿐만 아니라 의미적 정보의 처리 또한 요구하는 복잡한 처리과정이다. 예컨대, 의문사 '누구'는 질문 대상이 사람에 한정되며, '무엇'은 의문 영역이 상당히 넓으나 기본적으로 사람에 대해서는 물을 수 없다. 일상생활에서 겪게 되는 대부분의 대화 상황은 질문과 대답으로 이루어지게 된다. 이때, 의문사 이해에 어려움이 있다면 원활한 의사소통이 이루어지기 힘들다. 의문사 이해 과제는 의문사 질문을 듣고 그림 중 가리키기, 의문사 질문을 듣고 변별하여 대답하기 등의 방식으로 이루어진다. 이 워크북에서는 임상가가 환자에게 문장을 들려주고, 의문사 누구, 무엇, 어디, 어떻게, 왜, 언제가 포함된 질문을 하여 대답하도록 하는 과정에서 의문사를 변별하고 이해하는 능력을 향상할 수 있도록 하였다.

(3) 명제 질문 이해

일상적인 대화 상황에서 자주 '예-아니요' 질문을 하거나 '예-아니요' 질문에 대답하게 된다. 명제 질문 이해 과제에서는 환자가 말이나 몸짓으로 '예-아니요'를 표현하여 폐쇄형 질문을 정확히 이해하였는지 파악하는 것이 목표이다. 만약 말과 몸짓 표현 모두가 어려울 때는 시각적 자료를 이용해 종이에 ○×를 쓰고 환자가 그것을 가리켜 질문을 이해했는지 여부를 확인할 수 있다. 질문은 대체로 일반적인 지식, 의미 변별, 구문 분석, 의미 관계 이해 등으로 구성된다. 질문으로서 효과적이려면 문장의 길이가 짧고, 환자에게 개인적으로 관련된 내용이어야 한다(Brookshire & McNeil, 2014). 이 워크북에서는 가능한 한 다양한 환자군에 광범위하게 적용할 수 있도록 신상, 환경, 일반적 사실과 관련된 질문으로 구성하였다.

(4) 문장 이해

일상생활에서 당면하는 의사소통 상황은 대부분 문장으로 구성되어 있기 때문에 단어 이해를 넘어 문장 이해 능력은 굉장히 중요하다(서혜경, 2017). 문장 이해 과제는 환자가 문장을 듣고 질문에 대답하기, 지시 수행하기, 문장 검증하기 등으로 구성된다(Brookshire & McNeil, 2014). 이 워크북에서는 문장을 듣고 질문에 대답하기, 지시 수행하기, 계산 과제를 중심으로 숫자가 포함된 문장 이해하기 과제를 포함하였다.

(5) 연결어미가 포함된 문장 이해

우리말은 여러 가지 연결어미를 사용해 그 의미를 다양하게 전달할 수 있다. 이 과제는 문법적, 의미적 특징 등의 이해를 목표로 하였다. 문장의 길이가 길어질수록 환자의 높은 주의력이 더욱 요구되므로 주의집중이 어려운 대상자는 과제 수행이 힘들 수 있음을 고려해야 한다. 이 워크북에서는 대등, 이유, 동시, 조건, 목적 및 2개 이상의 연결어미가 포함된 문장으로 과제를 구성하였다.

(6) 담화 이해

일상생활에서 마주하는 의사소통 상황은 다양한 문장과 단락으로 구성된다. 그러므로 담화 이해 능력이 저하되면 기능적인 의사소통에 어려움을 겪을 수 있다. 담화 이해 과제의 일반적인 형태는 임상가가 담화를 소리 내어 읽거나 녹음된 것을 들려주고 질문을 하여 답하게 하는 것이다. 질문은 일반적으로 '예-아니요' 질문, 개방형 질문이 있으며, 나아가 담화의 내용을 다시 말해 보도록 할 수 있다. 담화 수준에서 문장 이해는 문장의 길이나 문법적 복잡성보다 담화의 전반적인 주제, 문장과의 관련성, 그리고 청자의 지식과 경험의 정도에 더 많이 의존한다. 따라서 담화를 구성할 때는 친숙도, 길이, 정보의 중복, 결속성, 응집성, 두드러짐, 직접성, 말 속도 등의 요인을 조작하여 난이도를 조절할 수 있다 (Brookshire & McNeil, 2014).

이 워크북에서는 담화 이해 과제를 이야기 이해, 설명문 이해, 기사문 이해로 나눠서 과제를 제공하였다. 이와 같이 구성한 이유는 담화 이해 과제의 난이도는 앞서 언급하였듯 담화의 내용이나 구조뿐만 아니라 듣는 사람이 담화에서 이해하고 기억해야 하는 것에 의해 결정되기 때문이다. 중심이 되는 사건을 포함하는 이야기는 세부적인 사항들을 기억해야 하는 설명문보다 과제의 난이도가 비교적 쉽기 때문에 담화 이해 과제의 출발점으로 사용하기에 적절하다. 이때 환자가 일정 수준의 수행력을 보인다면 설명문이나 기사문을 활용한 담화 이해 과제를 함께 시도해 볼 수 있다.

제2장

단어 이해

1. 단어 인지 (사물 그림)
2. 단어 인지 (전경 그림)
3. 단어 인지 (문장 지시)
4. 순서화
5. 범주화
6. 비교와 대조
7. 단어 연상

과제 실시 방법

단어 인지(사물 그림)

1. 사물 그림을 대상자 앞에 제시한 뒤, 목표 단어의 이름을 말하고 대상자가 목표 그림을 가리키도록 합니다.
2. 오반응 시 의미 단서를 제시합니다.
   예 물 마실 때 사용하는 것은?
3. 오반응 시 글자 단서를 제시합니다.
   예 '컵' 글자를 보여 준다.
4. 오반응 시 일부 그림을 가리고 다시 가리키도록 합니다.

단어 인지(전경 그림)

1. 전경 그림을 대상자 앞에 제시한 뒤, 목표 단어의 이름을 말하고 대상자가 목표 그림을 가리키도록 합니다.
2. 오반응 시 의미 단서를 제시합니다.
   예 물 마실 때 사용하는 것은?
3. 오반응 시 글자 단서를 제시합니다.
   예 '컵' 글자를 보여 준다.
4. 오반응 시 일부 그림을 가리고 다시 가리키도록 합니다.

단어 인지(문장 지시)

1. 문장을 들려주고 동작으로 반응하도록 합니다.
2. 오반응 시 문장을 다시 들려줍니다.
3. 오반응 시 목표 사물 또는 신체 부위를 직접 가리키며 이해를 돕습니다.

순서화

1. 단어 4개를 들려주고 단어를 순차적으로 배열하도록 합니다.
   예 '백 원, 오만 원, 천 원, 만 원'을 금액이 큰 순서부터 배열하세요.
2. 오반응 시 단어 4개를 다시 들려줍니다.
3. 오반응 시 첫 번째로 시작하는 단어를 제시합니다.

범주화

1. 단어 4개를 들려주고 범주가 다른 단어 하나를 선택하도록 합니다.
   예 '책상, 휴대폰, 침대, 식탁' 중에서 범주가 다른 것은 무엇인가요?
2. 오반응 시 단어 4개를 다시 들려줍니다.
3. 오반응 시 범주어를 제시합니다.
   예 가구가 아닌 것은 무엇인가요?

비교와 대조

1. 문장을 들려주고 대답하도록 합니다.
   예 여름과 봄 중에서 더 더운 계절은?
2. 오반응 시 문장을 다시 들려줍니다.
3. 오반응 시 문장을 나누어 질문합니다.
   예 여름이 더운가요, 봄이 더운가요?

단어 연상

1. 목표 단어를 들려주고 보기 단어 3개를 들려줍니다.
   예 연필과 어울리는 단어는 '식탁, 지우개, 칠판' 중에서 무엇인가요?
2. 오반응 시 목표 단어와 보기 단어 3개를 다시 들려줍니다.
3. 오반응 시 보기를 2개만 들려줍니다.

024

단어 인지 [사물 그림]

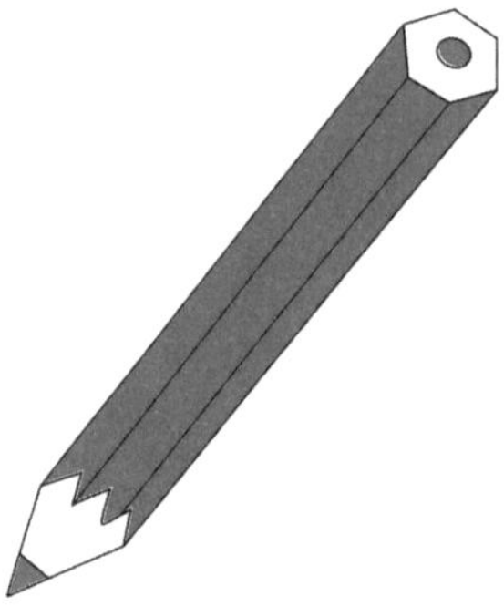

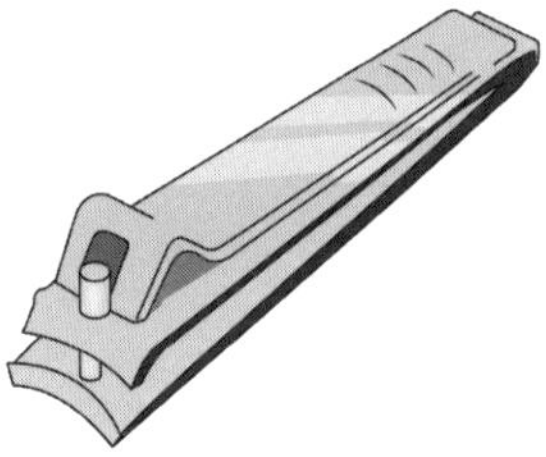

목표 단어

신발　연필　반지　시계

호랑이　우산　밥　손톱깎이

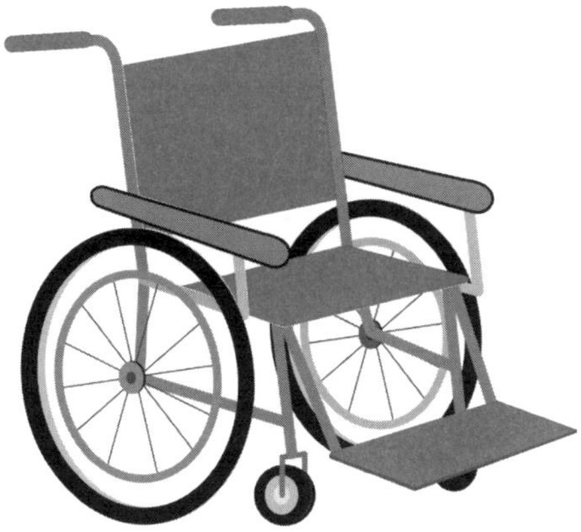
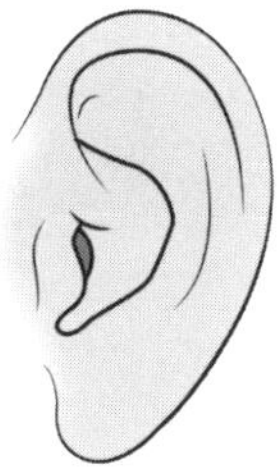

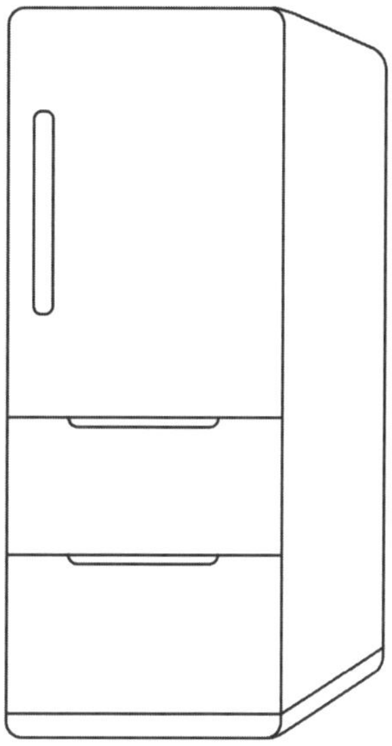

목표 단어

휠체어 귀 신호등 옷걸이
김치 기린 구두 냉장고

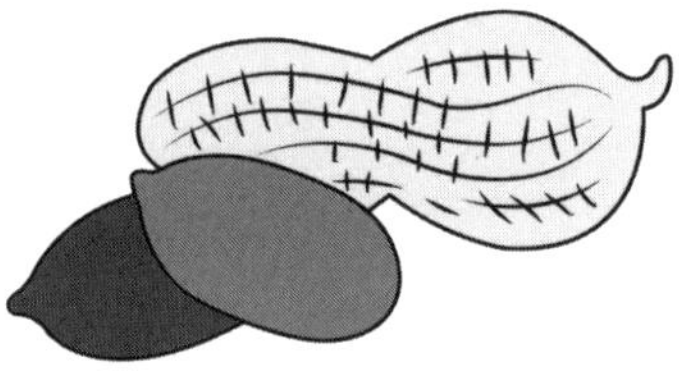

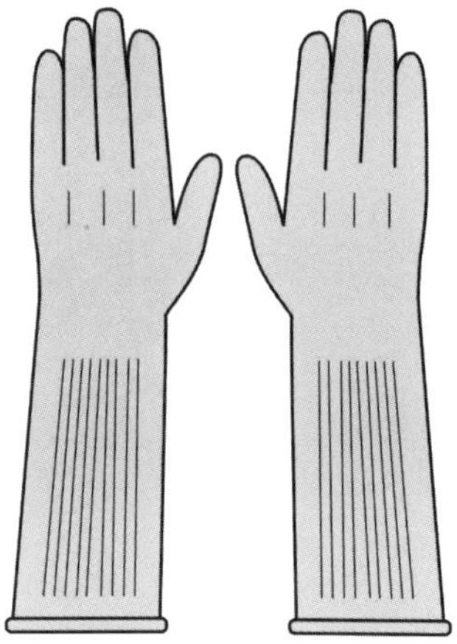

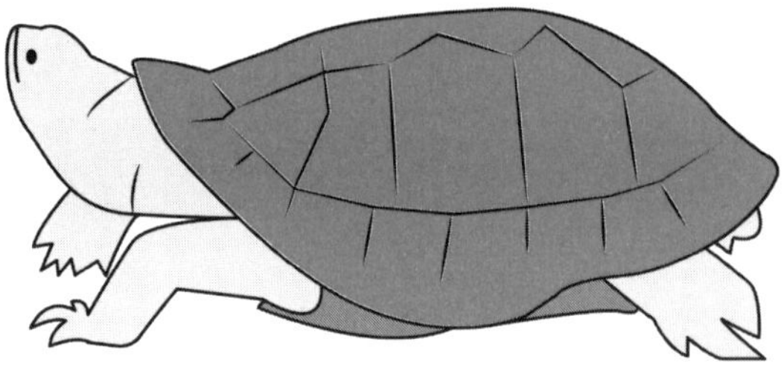

목표 단어

의지 트럭 돼지 빨대
경찰 땅콩 거북이 고무장갑

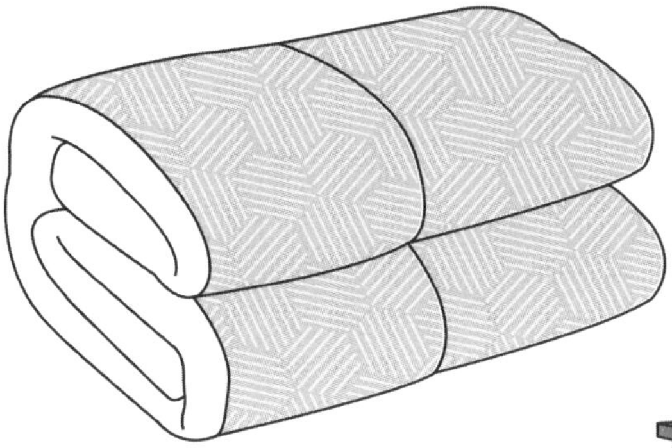

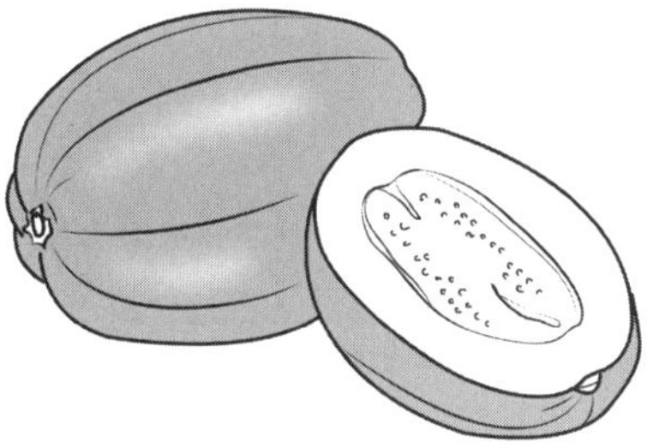

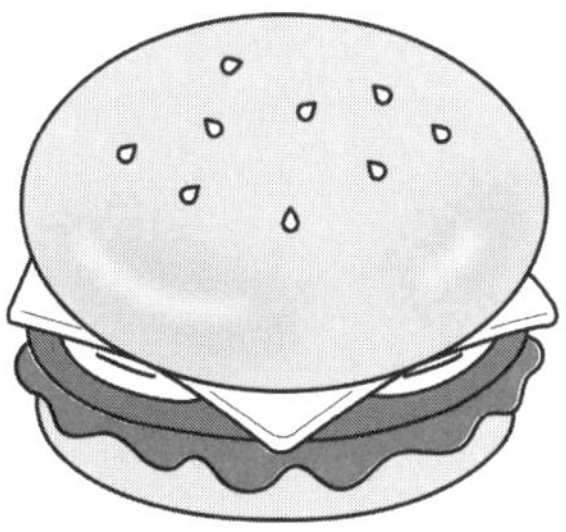

목표 단어

꼬리	텔레비전	이불	수염
식탁	참외	햄버거	오토바이

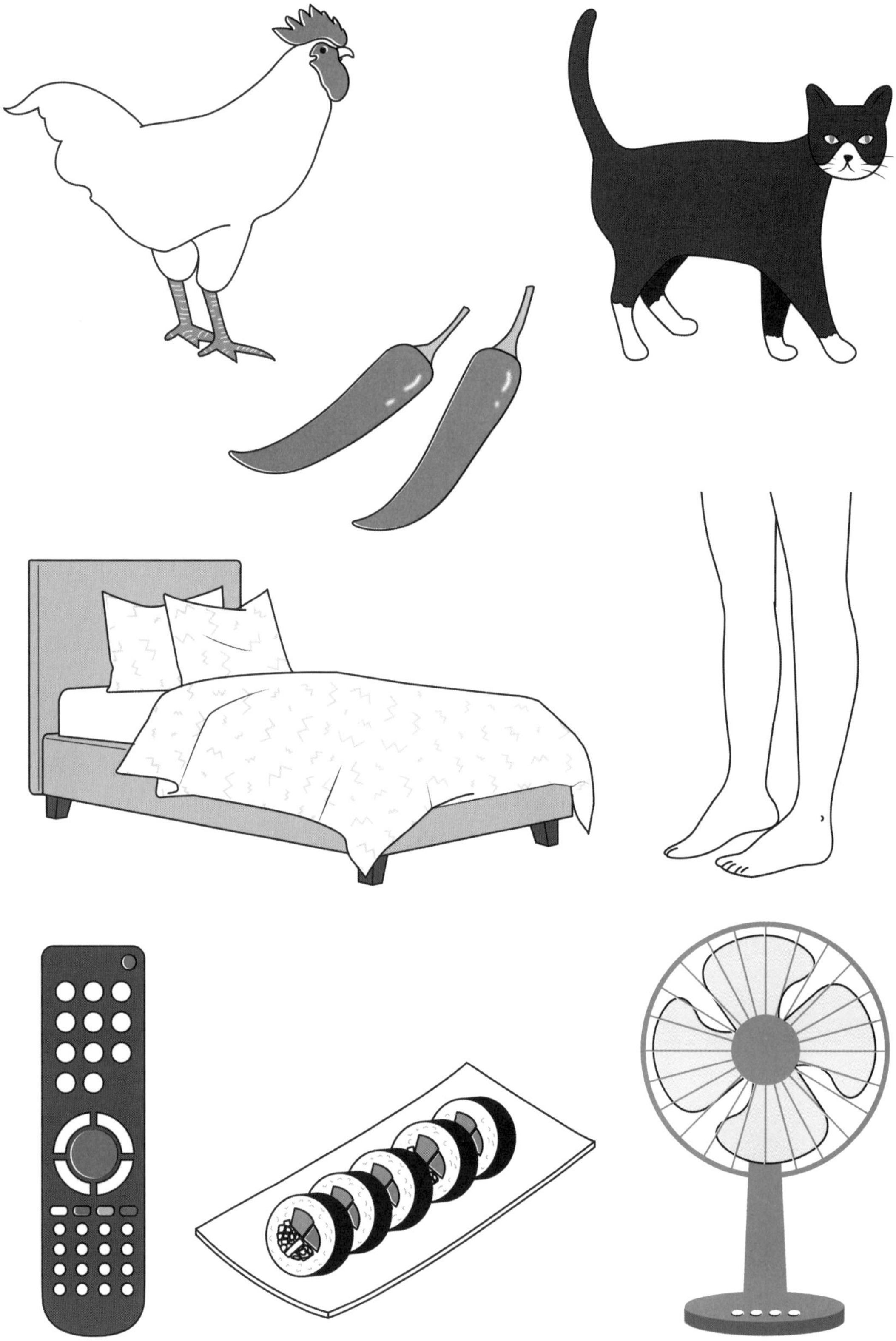

목표 단어

닭	고추	고양이	침대
다리(신체)	리모컨	김밥	선풍기

단어 인지 [전경 그림]

목표 단어

소파	텔레비전	책	화분	커튼
액자	러그	탁자	책장	전등

목표 단어

침대	이불	서랍	베개	드라이기
화장대	옷장	의자	창문	빗

목표 단어

칫솔	치약	체중계	변기	휴지
세면대	수건	샤워기	샴푸	거울

목표 단어

냉장고 가스레인지 오븐 접시 순가락
젓가락 냄비 컵 싱크대 휴지통

목표 단어

책상	노트북	복사기	달력	서류파일
화분	의자	키보드	문	전화기

단어 인지 (문장 지시)

1. 볼을 가리키세요.

2. 이마를 가리키세요.

3. 어깨를 가리키세요.

4. 물을 가리키세요.

5. 휴대폰을 가리키세요.

6. 문을 가리키세요.

7. 휴지를 가리키세요.

8. 허리를 가리키세요.

9. 볼펜을 가리키세요.

10. 바지를 가리키세요.

11. 무릎을 가리키세요.

12. 형광등을 가리키세요.

13. 귀를 가리키세요.

14. 손톱을 가리키세요.

15. 컵을 가리키세요.

16. 세면대를 가리키세요.

17. 벽을 가리키세요.

18. 휴지통을 가리키세요.

19. 배를 가리키세요.

20. 눈을 가리키세요.

21. 코를 가리키세요.

22. 연필을 가리키세요.

23. 귀를 가리키세요.

24. 의자를 가리키세요.

25. 바닥을 가리키세요.

26. 눈을 감으세요.

27. 주먹을 쥐어 보세요.

28. 손을 흔드세요.

29. 엄지손가락을 보여 주세요.

30. 새끼손가락을 보여 주세요.

순서화

1. 동	시	번지	구
2. 새벽	오후	밤	오전
3. 빌라	지하	주택	아파트
4. 청년기	노년기	유아기	청소년기
5. 플라스틱	고무	강철	스펀지
6. 설날	삼일절	광복절	어린이날
7. 자음	문장	단어	문단
8. 쥐	코끼리	고양이	사자
9. 차가운	시원한	뜨거운	따뜻한
10. 할머니	이모	언니	증조할머니

11. 밀가루	쌀	콩	후춧가루
12. 캐나다	멕시코	미국	브라질
13. 부장	사원	대리	과장
14. 서울	대전	부산	대구
15. 부채	에어컨	선풍기	난로
16. 걷기	달리기	조깅	경보
17. 개천	강	바다	시내
18. 백 원	오만 원	천 원	만 원
19. 구청장	대통령	시장	국무총리
20. 참새	타조	독수리	비둘기

21. 대학교	유치원	중학교	초등학교
22. 입춘	동지	입추	하지
23. 정	갑	병	을
24. 오늘	모레	내일	글피
25. 일 초	일 분	하루	한 시간
26. 특대형	중형	소형	대형
27. 검정	파랑	노랑	하양
28. 뿌리	열매	잎	줄기
29. 이승만	김영삼	노무현	박정희
30. 구석기	조선	신라	근현대

범주화

1.	귤	배추	포도	망고
2.	해바라기	소나무	대나무	감나무
3.	갈치	참치	갈매기	돌고래
4.	볼펜	색연필	지우개	연필
5.	캥거루	사슴	토끼	새우
6.	사전	문제집	교과서	가방
7.	책상	휴대폰	침대	식탁
8.	마늘	양파	오렌지	당근
9.	설탕	아이스크림	소금	초콜릿
10.	트로트	발라드	클래식	서양화

11. 숙모	삼촌	할아버지	아버지
12. 변호사	간호사	판사	검사
13. 석사	교수	학사	박사
14. 미국	도쿄	프랑스	이탈리아
15. 목요일	성탄절	추석	신정
16. 바퀴	눈동자	축구공	전자레인지
17. 장갑	양말	슬리퍼	구두
18. 수박	벚꽃	장마	해수욕장
19. 틀니	보청기	목걸이	안경
20. 김치	비빔밥	스파게티	된장찌개

21. 교무실	운동장	칠판	이불
22. 의자	책장	소파	벤치
23. 무궁화	백악관	태극기	경복궁
24. 유도	태권도	수영	씨름
25. 키보드	모니터	마우스	독서대
26. 제기차기	딱지치기	윷놀이	낚시
27. 거미	꿀벌	개미	지네
28. 망치	쟁반	드라이버	송곳
29. 국수	라면	덮밥	자장면
30. 핸들	시계	타이어	백미러

비교와 대조

1. 하마와 여우 중에서 더 큰 것은?

2. 사전과 공책 중에서 더 두꺼운 것은?

3. 달리기와 산책 중에서 더 빠른 것은?

4. 할아버지와 아버지 중에서 더 나이 많은 사람은?

5. 여름과 가을 중에서 더 더운 계절은?

6. 깃털과 냄비 중에서 더 가벼운 것은?

7. 아파트와 빌라 중에서 더 낮은 것은?

8. 금과 다이아몬드 중에서 더 비싼 것은?

9. 플라스틱과 유리 중에서 더 단단한 것은?

10. 어버이날과 광복절 중에서 더 먼저 오는 날은?

11. 낮과 저녁 중에서 더 밝을 때는?

12. 오리와 기린 중에서 다리가 더 많은 것은?

13. 농구공과 야구공 중에서 더 작은 것은?

14. 토끼와 치타 중에서 더 빠른 것은?

15. 케이크와 아이스크림 중에서 더 차가운 것은?

16. 버스와 기차 중에서 더 긴 것은?

17. 고추와 감자 중에서 더 매운 것은?

18. 개천과 바다 중에서 더 깊은 것은?

19. 간장과 설탕 중에서 더 짠 것은?

20. 참외와 레몬 중에서 더 신 것은?

21. 돼지와 고양이 중에서 더 뚱뚱한 것은?

22. 망치와 바늘 중에서 더 날카로운 것은?

23. 바위와 종이 중에서 더 무거운 것은?

24. 휴지와 나무 중에서 더 딱딱한 것은?

25. 앵두와 파인애플 중에서 더 작은 것은?

26. 미역과 양배추 중에서 더 미끈미끈한 것은?

27. 히터와 공기청정기 중에서 더 따뜻한 것은?

28. 쌀과 밀가루 중에서 더 부드러운 것은?

29. 우유와 후추 중에서 더 하얀 것은?

30. 운동장과 화장실 중에서 더 좁은 것은?

단어 연상

1.	연필	식탁	지우개	칠판
2.	휴대폰	충전기	키보드	가방
3.	도서관	휴지통	책	주머니
4.	스피커	음악	체온계	택시
5.	숟가락	의자	공책	젓가락
6.	겨울	단풍잎	눈사람	농구
7.	교회	거울	기도	자동차
8.	운동화	잠옷	슬리퍼	목도리
9.	아버지	튤립	강아지	어머니
10.	수세미	식빵	거실	고무장갑

11. 고양이	바닥	쥐	무지개
12. 학교	선생님	호스	경찰차
13. 이불	손수건	양말	베개
14. 바이올린	북	첼로	장구
15. 코	소리	냄새	맛
16. 편지	그림	우체통	시계
17. 건반	인형	텔레비전	피아노
18. 커피	설탕	샴푸	포크
19. 청진기	의사	화분	자동차
20. 방망이	청소기	공	선풍기

21.	약	메모지	처방전	손톱
22.	장화	초콜릿	장마	노래
23.	경찰관	수갑	모자	쇠고기
24.	식빵	젓가락	잼	블럭
25.	다람쥐	냉수	도토리	장미
26.	비늘	양말	솜사탕	뱀
27.	가을	팥빙수	썰매	은행나무
28.	남편	아내	지팡이	현금
29.	아기	머리띠	분유	창문
30.	대출	화병	영어	이자

제3장

의문사 이해

1. 의문사 '누구'
2. 의문사 '무엇'
3. 의문사 '어디'
4. 의문사 '언제'
5. 의문사 '어떻게'
6. 의문사 '왜'

[쉬어가기] 낱말 퍼즐

과제 실시 방법

1. 문장을 들려주고 이어서 질문합니다.
2. 오반응 시 문장과 질문을 다시 들려줍니다.
3. 오반응 시 보기를 1회 또는 2회 들려줍니다.
4. 오반응 시 문장을 다시 들려주고 보기를 글자 자료로 제시합니다.
5. 오반응 시 단어 이해 훈련으로 돌아갑니다.

의문사 '누구'

2어절 문장에서 의문사 '누구'

1. 남편이 걸어간다.

◆ 누가 걸어가나요?

남편 회사 출근

2. 지영이는 청소한다.

◆ 누가 청소하나요?

지영 청소 거실

3. 할머니가 주무신다.

◆ 누가 주무시나요?

아파트 할머니 안경

4. 아저씨가 웃었다.

◆ 누가 웃었나요?

본다 커피 아저씨

5. 강아지가 짖는다.

◆ 누가 짖나요?

강아지 은행 오디오

6. 언니가 세수한다.

◆ **누가 세수하나요?**

언니 수건 만두

7. 형은 목욕한다.

◆ **누가 목욕하나요?**

장미 연필 형

8. 선생님이 이야기한다.

◆ **누가 이야기하나요?**

오렌지 선생님 바퀴

9. 꼬마가 걷는다.

◆ **누가 걷나요?**

꼬마 고구마 가위

10. 지혜랑 수영한다.

◆ **누구랑 수영하나요?**

수영장 아침 지혜

11. 사장님이 소리친다.

◆ **누가 소리치나요?**

사장님　　　두유　　　이불

12. 시윤이도 노래한다.

◆ **누가 노래하나요?**

시윤　　　설거지　　　컵

13. 아버지가 운동한다.

◆ **누가 운동하나요?**

간다　　　아버지　　　운동

14. 동생이 공부한다.

◆ **누가 공부하나요?**

공부　　　동생　　　독서실

15. 군인이 싸웠다.

◆ **누가 싸웠나요?**

군인　　　마이크　　　노래

16. 삼촌이 앉았다.

◆ **누가 앉았나요?**

조개 삼촌 네모

17. 아기가 울었다.

◆ **누가 울었나요?**

서점 아기 우유

18. 자은이가 누웠다.

◆ **누가 누웠나요?**

과자 자은 저녁

19. 여자가 운전한다.

◆ **누가 운전하나요?**

자동차 여자 운전

20. 이모가 빨래한다.

◆ **누가 빨래하나요?**

이모 세탁기 빨래

3어절 문장에서 의문사 '누구'

1. 영수는 글씨를 쓴다.

◆ 누가 글씨를 쓰나요?

글씨　　연필　　영수

2. 아줌마가 도둑을 잡았다.

◆ 누가 도둑을 잡았나요?

잡는다　　경찰서　　아줌마

3. 엄마가 이불을 갠다.

◆ 누가 이불을 개나요?

넣는다　　엄마　　이불

4. 농부가 고구마를 캔다.

◆ 누가 고구마를 캐나요?

농부　　흙　　고구마

5. 동생이 방을 어지럽혔다.

◆ 누가 방을 어지럽혔나요?

동생　　방　　청소기

6. 삼촌이랑 그림을 그렸다.

◆ **누구랑 그림을 그렸나요?**

미술관 삼촌 그림

7. 아버지가 나무를 자른다.

◆ **누가 나무를 자르나요?**

아버지 자른다 나무

8. 누나는 컴퓨터를 수리했다.

◆ **누가 컴퓨터를 수리했나요?**

풍선 누나 컴퓨터

9. 선생님은 피아노를 친다.

◆ **누가 피아노를 치나요?**

선생님 피아노 친다

10. 수영이가 장갑을 꼈다.

◆ **누가 장갑을 꼈나요?**

수영 장갑 손

11. 할아버지가 모자를 쓰신다.

◆ 누가 모자를 쓰나요?

할아버지 운동장 책장

12. 고모가 커피를 주문했다.

◆ 누가 커피를 주문했나요?

장갑 고모 커피

13. 성우가 백화점에 간다.

◆ 누가 백화점에 가나요?

우체국 성우 탁구

14. 경찰이 호루라기를 불었다.

◆ 누가 호루라기를 불었나요?

시골 소나무 경찰

15. 가수가 춤을 췄다.

◆ 누가 춤을 췄나요?

시골 가수 거울

16. 어머니가 빨래를 널었다.

◆ **누가 빨래를 널었나요?**

빨래 장난감 어머니

17. 아내는 회사를 그만두었다.

◆ **누가 회사를 그만두었나요?**

아내 회사 시계

18. 남자도 옷을 산다.

◆ **누가 옷을 사나요?**

옷 남자 숫자

19. 친구에게 전화를 걸었다.

◆ **누구에게 전화를 걸었나요?**

가방 전화 친구

20. 여학생이 운동화를 신는다.

◆ **누가 운동화를 신나요?**

여학생 운동화 국화

4어절 문장에서 의문사 '누구'

1. 체육관에서 수민이가 농구를 한다.

◆ 누가 농구를 하나요?

체육관 수민 농구공

2. 고양이가 거실에서 잠을 잔다.

◆ 누가 잠을 자나요?

거실 잠 고양이

3. 조카가 일본으로 출장을 간다.

◆ 누가 출장을 가나요?

조카 일본 인천공항

4. 이모가 카페에서 책을 읽는다.

◆ 누가 책을 읽나요?

카페 이모 간다

5. 할머니는 복지관에서 한글을 배우신다.

◆ 누가 한글을 배우나요?

복지관 서점 할머니

6. 재호가 건조기에 빨래를 넣었다.

◆ **누가 빨래를 넣었나요?**

재호 건조기 세탁기

7. 꼬마가 거실 벽에 낙서했다.

◆ **누가 낙서했나요?**

거실 꼬마 벽

8. 형은 학교에서 상장을 받았다.

◆ **누가 상장을 받았나요?**

형 아름답다 학교

9. 경비원이 화단에 물을 준다.

◆ **누가 물을 주나요?**

화단 경비원 꽃집

10. 나는 거실에서 노래를 불렀다.

◆ **누가 노래를 불렀나요?**

노래 나 콜라

11. 엄마는 아기에게 우유를 먹인다.

◆ 누가 우유를 먹이나요?

엄마 지우개 우유

12. 서울역에서 친구가 기차를 탄다.

◆ 누가 기차를 타나요?

기차 친구 서울역

13. 수현이는 거실에서 숙제를 했다.

◆ 누가 숙제를 했나요?

숙제 거실 수현

14. 꽃시장에서 아줌마가 꽃을 산다.

◆ 누가 꽃을 사나요?

향수 아줌마 꽃

15. 소년이 열심히 달리기를 했다.

◆ 누가 달리기를 했나요?

달리기 마음 소년

16. 중국인이 한국으로 관광을 왔다.

◆ **누가 관광을 왔나요?**

모래 중국인 한국

17. 조카가 달콤한 솜사탕을 먹는다.

◆ **누가 솜사탕을 먹나요?**

조카 카페인 커피

18. 교사가 숙제를 꼼꼼히 검사했다.

◆ **누가 숙제를 검사했나요?**

공장 숙제 교사

19. 점원이 손님의 물건을 포장했다.

◆ **누가 물건을 포장했나요?**

마이크 창고 점원

20. 간호사가 급하게 복도를 뛰어갔다.

◆ **누가 복도를 뛰어갔나요?**

간호사 복도 학교

의문사 '무엇'

2어절 문장에서 의문사 '무엇'

1. 햄버거를 먹는다.

◆ 무엇을 먹나요?

점심 햄버거 영수

2. 축구공을 찼다.

◆ 무엇을 찼나요?

축구공 찬다 아파서

3. 립스틱을 바른다.

◆ 무엇을 바르나요?

엄마 부었다 립스틱

4. 껍질을 깠다.

◆ 무엇을 깠나요?

껍질 까다 배고파서

5. 태권도를 배운다.

◆ 무엇을 배우나요?

체력 형 태권도

6. 소시지를 데운다.

◆ **무엇을 데우나요?**

시들어서 소시지 데운다

7. 이쑤시개를 꺼냈다.

◆ **무엇을 꺼냈나요?**

저녁 나무꾼 이쑤시개

8. 손목시계를 찬다.

◆ **무엇을 차나요?**

손목시계 떨어져서 상점

9. 전등을 켰다.

◆ **무엇을 켰나요?**

놓는다 전등 종로

10. 믹스커피를 탄다.

◆ **무엇을 타나요?**

오후 형 믹스커피

11. 생선을 구웠다.

◆ 무엇을 구웠나요?

생선　　배불러서　　던진다

12. 감자를 찐다.

◆ 무엇을 찌나요?

설날　　감자　　할아버지

13. 안경을 낀다.

◆ 무엇을 끼나요?

안경　　접는다　　시장

14. 색종이를 접었다.

◆ 무엇을 접었나요?

삼촌　　도서관　　색종이

15. 씨앗을 뿌렸다.

◆ 무엇을 뿌렸나요?

휴가　　씨앗　　피서지

16. 볼펜도 샀다.

◆ **무엇을 샀나요?**

침실 청소한다 볼펜

17. 계약서를 썼다.

◆ **무엇을 썼나요?**

계약서 아파트 썼다

18. 외투를 입는다.

◆ **무엇을 입나요?**

음식점 숙부 외투

19. 야경을 봤다.

◆ **무엇을 봤나요?**

야경 여행 봤다

20. 손을 잡았다.

◆ **무엇을 잡았나요?**

손 세배한다 스트레스

3어절 문장에서 의문사 '무엇'

1. 아침에 신문을 봤다.

◆ **무엇을 봤나요?**

신문　　공부한다　　아빠

2. 레스토랑에서 와인을 마신다.

◆ **무엇을 마시나요?**

와인　　레스토랑　　귀걸이

3. 기름을 가득 넣었다.

◆ **무엇을 넣었나요?**

주유소　　기름　　넣는다

4. 세제를 넣고 돌렸다.

◆ **무엇을 넣었나요?**

붓는다　　세탁기　　세제

5. 물티슈로 손을 닦는다.

◆ **무엇을 닦나요?**

손　　편의점　　더러워서

6. 주말마다 게임을 한다.

◆ **무엇을 하나요?**

재미없다　　게임　　아빠

7. 가방에 휴대폰을 넣었다.

◆ **무엇을 넣었나요?**

외삼촌　　휴대폰　　건다

8. 커다란 눈사람을 만들었다.

◆ **무엇을 만들었나요?**

아침　　겨울　　눈사람

9. 종갓집 김치를 산다.

◆ **무엇을 사나요?**

김치　　마트　　식재료가 떨어져서

10. 할머니께 양말을 선물했다.

◆ **무엇을 선물했나요?**

생일이라서　　할머니　　양말

11. 강아지가 공을 물었다.

◈ **무엇을 물었나요?**

귀엽다　　공　　강아지

12. 물건을 경비실에 맡겼다.

◈ **무엇을 맡겼나요?**

노래　　물건　　산책

13. 쓰레기를 분류해서 버렸다.

◈ **무엇을 버렸나요?**

쓰레기　　쇼핑　　부장님

14. 여성용 목걸이를 산다.

◈ **무엇을 사나요?**

이모　　목걸이　　백화점에 간다

15. 담백한 이유식을 만들었다.

◈ **무엇을 만들었나요?**

미술관　　이유식　　엄마

16. 사과를 많이 깎았다.

◆ **무엇을 깎았나요?**

명절 사과 딸

17. 뒷산에서 나물을 캤다.

◆ **무엇을 캤나요?**

추석 친구 나물

18. 생크림 케이크를 먹는다.

◆ **무엇을 먹나요?**

숙모 카페 케이크

19. 동생은 그림책을 좋아한다.

◆ **무엇을 좋아하나요?**

잔다 그림책 엄마

20. 깍두기에 젓갈을 넣는다.

◆ **무엇을 넣나요?**

젓갈 대학교 동쪽

4어절 문장에서 의문사 '무엇'

1. 이모는 시장에서 양파를 판다.

◆ **무엇을 파나요?**

노인　　　　양파　　　　깐다

2. 제주도 승마장에서 승마체험을 하였다.

◆ **무엇을 하였나요?**

유채꽃　　　　승마체험　　　　얼룩말

3. 집에서 영화를 보다가 잠들었다.

◆ **무엇을 보다가 잠들었나요?**

집　　　　영화　　　　원기둥

4. 압구정에서 점심으로 칼국수를 먹었다.

◆ **무엇을 먹었나요?**

빨강　　　　칼국수　　　　가족

5. 분식집에서 고구마 튀김을 시켰다.

◆ **무엇을 시켰나요?**

고구마 튀김　　　　그릇을 닦다　　　　독서

6. 병아리가 엄마 닭을 쫓아간다.

◆ **무엇을 쫓아가나요?**

모이　　엄마 닭　　노란색

7. 따뜻한 차를 마시며 쉰다.

◆ **무엇을 마시나요?**

사각형　　차　　겨울

8. 1톤 트럭으로 짐을 옮긴다.

◆ **무엇으로 짐을 옮기나요?**

검정색　　트럭　　우주

9. 주전자에 우엉차를 끓여서 마셨다.

◆ **무엇을 마셨나요?**

할머니　　우엉차　　시험

10. 삼촌은 대출금을 모두 갚았다.

◆ **무엇을 갚았나요?**

대출금　　은행　　발가락

11. 마당에 떨어진 낙엽을 쓸었다.

◆ 무엇을 쓸었나요?

빗자루 낙엽 아빠

12. 캠핑장에 도착해 텐트를 쳤다.

◆ 무엇을 쳤나요?

텐트 아버지 캠핑장

13. 동생이 만든 스파게티를 먹었다.

◆ 무엇을 먹었나요?

지영 스파게티 끓인다

14. 등이랑 팔에 선크림을 바른다.

◆ 무엇을 바르나요?

선크림 수영한다 팔

15. 유명한 일식집에서 덮밥을 먹었다.

◆ 무엇을 먹었나요?

허기져서 금요일 덮밥

16. 콩을 갈아서 두부를 만들었다.

◆ **무엇을 만들었나요?**

쓴다 두부 카페

17. 통장을 가지고 은행에 갔다.

◆ **무엇을 가지고 갔나요?**

새벽 먼지 통장

18. 냄비에 대파를 넣고 끓인다.

◆ **무엇을 넣고 끓이나요?**

노랗다 대파 엄마

19. 정비소에 가서 오토바이를 수리했다.

◆ **무엇을 수리했나요?**

아침 오토바이 아빠

20. 엄마는 동생한테 머리띠를 선물했다.

◆ **무엇을 선물했나요?**

머리띠 백화점 동생

의문사 '어디'

2어절 문장에서 의문사 '어디'

1. 공원에 간다.

◆ 어디에 가나요?

친구 비빔밥 공원

2. 거실에서 잔다.

◆ 어디서 자나요?

흰색 병원 거실

3. 회사에서 일한다.

◆ 어디서 일하나요?

마라톤 가방 회사

4. 머리가 아프다.

◆ 어디가 아픈가요?

망치 약국 머리

5. 강당에서 연설한다.

◆ 어디서 연설하나요?

강당 휴대폰 날씨

6. 법정에서 거짓말했다.

◆ **어디서 거짓말했나요?**

독서　　　법정　　　커피

7. 해변에서 잠들었다.

◆ **어디서 잠들었나요?**

해변　　　파도　　　계란

8. 캠핑장에서 요리한다.

◆ **어디서 요리하나요?**

원　　　요리사　　　캠핑장

9. 기차에서 내린다.

◆ **어디서 내리나요?**

기차　　　고추장　　　대구역

10. 성당에서 기도한다.

◆ **어디서 기도하나요?**

구름　　　성당　　　기도

11. 회의실에서 이야기했다.

◆ 어디서 이야기했나요?

회의실 간다 지각

12. 사막을 걸었다.

◆ 어디를 걸었나요?

시원하다 사막 낙타

13. 수술실로 들어간다.

◆ 어디로 들어가나요?

탄다 장갑 수술실

14. 교실에서 인사했다.

◆ 어디서 인사했나요?

교실 공원 비행기

15. 의자에 앉았다.

◆ 어디에 앉았나요?

의자 아프다 일주일

16. 방을 청소한다.

◆ 어디를 청소하나요?

꽃 방 손가락

17. 우체국에 갔다.

◆ 어디에 갔나요?

냉장고 우체국 어머니

18. 뒤로 물러섰다.

◆ 어디로 물러섰나요?

뒤 버린다 탱크

19. 휴게실에서 쉰다.

◆ 어디서 쉬나요?

나무 휴게실 그늘

20. 소파에 누웠다.

◆ 어디에 누웠나요?

조카 쉰다 소파

3어절 문장에서 의문사 '어디'

1. 주스를 텀블러에 담았다.

◆ 어디에 담았나요?

텀블러 발톱 주스

2. 아버지가 낚시터에 간다.

◆ 어디에 가나요?

노래 낚시터 아버지

3. 남자가 사우나에 갔다.

◆ 어디에 갔나요?

일주일마다 사우나 남자

4. 수건을 화장실에 놓는다.

◆ 어디에 수건을 놓나요?

갈비 오빠 화장실

5. 사장님이 건물을 둘러본다.

◆ 어디를 둘러보나요?

사촌 건물 운전기사

6. 고양이가 아래를 본다.

◆ **어디를 보나요?**

운다 아래 사납다

7. 민수는 치과에 갔다.

◆ **어디에 갔나요?**

받는다 농구 치과

8. 나도 아파트에 산다.

◆ **어디에 사나요?**

못 누나 아파트

9. 영화관에서 팝콘을 먹는다.

◆ **어디서 팝콘을 먹나요?**

조조영화 영화관 팝콘

10. 텃밭에 배추를 심었다.

◆ **어디에 배추를 심었나요?**

사다리 텃밭 배추

11. 혜경이가 놀이터에 간다.

◆ 어디에 가나요?

수영장 놀이터 만난다

12. 민박집에서 머무를 예정이다.

◆ 어디에 머무를 예정인가요?

빨래 새우 민박집

13. 마트에서 고기를 샀다.

◆ 어디서 고기를 샀나요?

차린다 마트 고기

14. 해변에서 조개를 주웠다.

◆ 어디서 조개를 주웠나요?

해변 친구 휴지

15. 버스터미널에서 친구를 기다린다.

◆ 어디서 친구를 기다리나요?

반갑다 선물 버스터미널

16. 베란다에서 이불을 털었다.

◆ **어디서 이불을 털었나요?**

베란다 이불 음악

17. 어머니랑 부동산에 갔다.

◆ **어디에 갔나요?**

어머니 부동산 도와준다

18. 명함을 지갑에 넣었다.

◆ **어디에 명함을 넣었나요?**

인사한다 지갑 명함

19. 서랍에서 연필을 꺼낸다.

◆ **어디서 연필을 꺼내나요?**

쓴다 볼펜 서랍

20. 편지를 봉투에 넣었다.

◆ **어디에 편지를 넣었나요?**

연다 봉투 편지

4어절 문장에서 의문사 '어디'

1. 친구와 가평에서 물놀이를 했다.

◆ 어디서 물놀이를 했나요?

음악　　가평　　친구

2. 남이섬은 아름다운 장소로 유명하다.

◆ 어디가 유명한가요?

이야기　　엄마　　남이섬

3. 밖에서 맛있는 떡볶이를 먹었다.

◆ 어디서 떡볶이를 먹었나요?

밖　　깃발　　떡볶이

4. 정류장에 앉아서 통화를 한다.

◆ 어디서 통화를 하나요?

요구르트　　전화기　　정류장

5. 부모님과 함께 설악산에 오른다.

◆ 어디를 오르나요?

타이어　　부모님　　설악산

6. 강남역에서 혼자 밥을 먹는다.

◆ **어디서 밥을 먹었나요?**

주문 강남역 냄비

7. 아침마다 친구랑 한강을 뛴다.

◆ **어디를 뛰나요?**

커튼 한강 아침

8. 겨울용 스웨터를 상자에 보관했다.

◆ **어디에 스웨터를 보관했나요?**

상자 광어 할아버지

9. 더러운 옷을 빨래통에 넣었다.

◆ **어디에 옷을 넣었나요?**

빨래통 외조모 노숙자

10. 국립공원에서 약혼녀와 휴가를 보냈다.

◆ **어디서 휴가를 보냈나요?**

비행기 국립공원 태안

11. 저녁마다 호숫가에 산책하러 간다.

◆ 어디에 산책하러 가나요?

운동한다 저녁 호숫가

12. 중국으로 이틀간 출장을 간다.

◆ 어디로 출장을 가나요?

어학연수 중국 비행기

13. 동생은 저금통에 동전을 넣었다.

◆ 어디에 동전을 넣었나요?

저금통 동전 과자

14. 기차를 타고 대구에 간다.

◆ 어디에 가나요?

이병헌 대구 간다

15. 약수터에 물을 뜨러 간다.

◆ 어디에 가나요?

조깅한다 물 약수터

16. 주말마다 부지런히 남산을 오른다.

◆ **어디를 오르나요?**

아빠 남산 주말

17. 경로당에 매주 봉사활동을 간다.

◆ **어디에 봉사활동을 가나요?**

민수 경로당 봉사활동

18. 거실에서 8시 뉴스를 본다.

◆ **어디서 뉴스를 보나요?**

웃는다 할머니 거실

19. 아버지가 주방에서 그릇을 닦는다.

◆ **어디서 그릇을 닦나요?**

주방 싸운다 아버지

20. 교무실에서 선생님께 꾸중을 들었다.

◆ **어디서 꾸중을 들었나요?**

다퉜다 선생님 교무실

의문사 '언제'

2어절 문장에서 의문사 '언제'

1. 밤에 잔다.

◆ 언제 자나요?

잔다 밤 아기

2. 일요일에 간다.

◆ 언제 가나요?

부산 일요일 아침

3. 주말에 쉰다.

◆ 언제 쉬나요?

민수 주말 주스

4. 오후부터 일한다.

◆ 언제부터 일하나요?

오후 도서관 민수

5. 내일 등교한다.

◆ 언제 등교하나요?

결석한다 내일 학교

6. 8시까지 잔다.

◆ 언제까지 잤나요?

고양이 먹는다 8시

7. 새벽마다 시끄럽다.

◆ 언제 시끄럽나요?

새벽 삼촌 자동차

8. 어제 통화했다.

◆ 언제 통화했나요?

숙제 어제 과제

9. 내일 출발한다.

◆ 언제 출발하나요?

내일 버스 여행

10. 금요일에 회의한다.

◆ 언제 회의하나요?

의견 금요일 택배

11. 저녁에 일어났다.

◆ 언제 일어났나요?

저녁　　　　침대　　　　밥

12. 정오에 간다.

◆ 언제 가나요?

나훈아　　　　정오　　　　발가락

13. 오후에 출발한다.

◆ 언제 출발하나요?

오후　　　　출발　　　　학교

14. 새벽에 걷는다.

◆ 언제 걷나요?

운전대　　　　새벽　　　　딸기

15. 토요일에 운동한다.

◆ 언제 운동하나요?

등산　　　　토요일　　　　지금

16. 성탄절에 모인다.

◆ **언제 모이나요?**

된장 성탄절 과자

17. 추석에 만난다.

◆ **언제 만나나요?**

마당 강남 추석

18. 1월에 출발한다.

◆ **언제 출발하나요?**

1월 출발 비행기

19. 여름에 이사한다.

◆ **언제 이사하나요?**

삼겹살 이사 여름

20. 요즘 바쁘다.

◆ **언제 바쁜가요?**

결혼식 멍 요즘

3어절 문장에서 의문사 '언제'

1. 점심에 샐러드를 먹는다.

◆ 언제 샐러드를 먹나요?

식당 점심 성경

2. 누나는 내년에 결혼한다.

◆ 언제 결혼하나요?

무릎 내년 결혼

3. 내일 교수님을 만난다.

◆ 언제 교수님을 만나나요?

내일 커피 밀가루

4. 내일 영화를 본다.

◆ 언제 영화를 보나요?

서점 영화 내일

5. 금요일에 속초로 간다.

◆ 언제 가나요?

금요일 광주 생수

6. 병원 개원기념일에 쉬었다.

◆ **언제 쉬었나요?**

살 개원기념일 난방

7. 오후에 회사로 출근한다.

◆ **언제 출근하나요?**

소식 오후 삼계탕

8. 가을에 한국으로 간다.

◆ **언제 한국에 가나요?**

슬픔 가을 공항

9. 어제 머리를 잘랐다.

◆ **언제 머리를 잘랐나요?**

군대 어제 수박

10. 월요일에 장사를 쉬었다.

◆ **언제 장사를 쉬었나요?**

월요일 편의점 물건

11. 9시에 왕십리로 출발했다.

◆ **언제 출발했나요?**

자동차 9시 왕십리

12. 아침마다 신문을 배달한다.

◆ **언제 신문을 배달하나요?**

택배기사 신문 아침

13. 토요일에 모임이 있다.

◆ **언제 모임이 있나요?**

간다 토요일 성경

14. 내일은 엄마 생신이다.

◆ **엄마의 생신은 언제인가요?**

내일 생일 선물

15. 7월에 이민을 간다.

◆ **언제 이민을 가나요?**

이민 미국 7월

16. 금요일에 지리산을 오른다.

◆ **언제 지리산을 오르나요?**

금요일 하산 등산복

17. 아버지는 내일 휴가이다.

◆ **언제 휴가인가요?**

동사무소 내일 버튼

18. 설날에 프랑스로 출국한다.

◆ **언제 출국하나요?**

설날 비자 프랑스

19. 지난주에 보일러를 고쳤다.

◆ **언제 보일러를 고쳤나요?**

수리공 지난주 난방

20. 광복절에 박물관에 갔다.

◆ **언제 박물관에 갔나요?**

설명서 광복절 유관순

4어절 문장에서 의문사 '언제'

1. 목요일에 역사 수업이 있다.

◆ **언제 수업이 있나요?**

목요일 수업 등교

2. 아침을 먹고 9시에 나섰다.

◆ **언제 나섰나요?**

신분증 9시 충전기

3. 수요일마다 절에 가서 기도한다.

◆ **언제 절에 가나요?**

스님 수요일 절

4. 오늘은 런던 시내를 구경한다.

◆ **언제 시내를 구경하나요?**

번개 날씨 오늘

5. 자정부터 종이 울리기 시작했다.

◆ **언제부터 종이 울렸나요?**

자정 초록색 태풍

6. 재목이는 5월부터 영어학원에 다닌다.

◆ 언제부터 영어학원에 다니나요?

북극성 5월 소나무

7. 어버이날에 부모님과 여행을 간다.

◆ 언제 여행을 가나요?

여행 어버이날 시금치

8. 수요일마다 수영장에서 수영을 배운다.

◆ 언제 수영을 배우나요?

튜브 안전요원 수요일

9. 7시에 영화를 보기로 했다.

◆ 언제 영화를 보나요?

신촌 친구 7시

10. 저녁부터 갑자기 날씨가 쌀쌀해졌다.

◆ 언제부터 쌀쌀해졌나요?

저녁 날씨 고백

11. 밤에 강남대로에서 진수를 만났다.

◈ 언제 진수를 만났나요?

주차장 친구 밤

12. 2시에 물건을 받기로 했다.

◈ 언제 물건을 받기로 했나요?

2시 우편 배달

13. 일요일에 할아버지 칠순잔치에 갔다.

◈ 언제 칠순잔치에 갔나요?

일요일 할아버지 양말

14. 저녁에 명동 주차장에 갔다.

◈ 언제 주차장에 갔나요?

명동 쇼핑 저녁

15. 주말에 남편과 오대산에 다녀왔다.

◈ 언제 오대산에 다녀왔나요?

주말 남편 기차

16. 화요일마다 학교에서 시험을 본다.

◆ **언제 시험을 보나요?**

전공서적 학교 화요일

17. 아침에 수영장에서 솔희를 만났다.

◆ **언제 솔희를 만났나요?**

수영장 아침 솔희

18. 혜원이가 11월에 서울에서 결혼한다.

◆ **언제 결혼하나요?**

혜원 11월 서울

19. 내일은 학교 운동회 날이다.

◆ **운동회는 언제인가요?**

아르바이트 내일 달리기

20. 이틀 전에 이발을 했다.

◆ **언제 이발을 했나요?**

이틀 전 이발 곱슬머리

의문사 '어떻게'

3어절 문장에서 의문사 '어떻게'

1. 벨을 누르고 들어갔다.

◆ 어떻게 들어갔나요?

문 벨을 누르고 소리

2. 손을 들고 발표한다.

◆ 어떻게 발표하나요?

손을 들고 아버지 우유

3. 넥타이를 예쁘게 포장했다.

◆ 넥타이를 어떻게 했나요?

모자 선물 포장했다

4. 추워서 실내로 들어갔다.

◆ 추워서 어떻게 했나요?

실내로 들어갔다 설악산 개

5. 다쳐서 붕대를 감았다.

◆ 다쳐서 어떻게 했나요?

아파트 붕대를 감았다 인형

6. 아기가 울어서 달랬다.

◆ **아기가 울어서 어떻게 했나요?**

야구 달랬다 분유

7. 부끄러워서 얼굴을 가렸다.

◆ **부끄러워서 어떻게 했나요?**

이불 로션 얼굴을 가렸다

8. 너무 기뻐서 소리쳤다.

◆ **기뻐서 어떻게 했나요?**

자전거 소리쳤다 빨대

9. 시끄러워서 방에 들어갔다.

◆ **시끄러워서 어떻게 했나요?**

귀걸이 방에 들어갔다 반지

10. 추워서 목도리를 둘렀다.

◆ **추워서 어떻게 했나요?**

목도리를 둘렀다 슬리퍼 여름

11. 아파서 내과에 갔다.

◆ **아파서 어떻게 했나요?**

동생 처방전 내과에 갔다

12. 늦어서 택시를 탔다.

◆ **늦어서 어떻게 했나요?**

카카오톡 택시를 탔다 전구

13. 배고파서 밥을 먹었다.

◆ **배고파서 어떻게 했나요?**

요리사 밥을 먹었다 주방

14. 더워서 선풍기를 켰다.

◆ **더워서 어떻게 했나요?**

선풍기를 켰다 겨울 얼음

15. 아이가 뛰다가 넘어졌다.

◆ **뛰다가 어떻게 됐나요?**

반창고 숫자 넘어졌다

16. 다쳐서 연고를 발랐다.

◆ **다쳐서 어떻게 했나요?**

보건실　　　선생님　　　연고를 발랐다

17. 옷이 작아서 교환했다.

◆ **옷이 작아서 어떻게 했나요?**

분노　　　교환했다　　　매장

18. 손가락을 다쳐서 깁스했다.

◆ **손가락을 다쳐서 어떻게 했나요?**

의사　　　엑스레이　　　깁스했다

19. 방이 지저분해서 청소했다.

◆ **방이 지저분해서 어떻게 했나요?**

청소했다　　　빗자루　　　엄마

20. 심심해서 친구한테 연락했다.

◆ **심심해서 어떻게 했나요?**

친구한테 연락했다　　　자전거　　　서점

4어절 문장에서 의문사 ‘어떻게’

1. 지하철을 타고 우체국에 간다.

◆ **우체국에 어떻게 가나요?**

친구 지하철을 타고 집

2. 버튼을 누르면 커피가 나온다.

◆ **어떻게 하면 커피가 나오나요?**

아저씨 여름 버튼을 누르면

3. 졸려서 의자에 기대어 쉬었다.

◆ **졸려서 어떻게 했나요?**

아기 쉬었다 담요

4. 냄새가 나서 얼굴을 찌푸렸다.

◆ **냄새가 나서 어떻게 했나요?**

비염 삼촌 얼굴을 찌푸렸다

5. 술래가 돼서 친구를 잡았다.

◆ **술래가 돼서 어떻게 했나요?**

도망갔다 친구를 잡았다 공

6. 날씨가 따뜻해서 공원으로 나갔다.

◆ **날씨가 따뜻해서 어떻게 했나요?**

떡 공원으로 나갔다 기름

7. 지퍼가 떨어져서 옷을 버렸다.

◆ **지퍼가 떨어져서 어떻게 했나요?**

옷을 버렸다 바지 기타

8. 콜라를 마셔서 충치가 생겼다.

◆ **콜라를 마셔서 어떻게 됐나요?**

체중계 충치가 생겼다 개그맨

9. 상품권을 받으려고 포인트를 모았다.

◆ **상품권을 받으려고 어떻게 했나요?**

웃음 아이 포인트를 모았다

10. 카드비를 연체해서 이자를 냈다.

◆ **카드비를 연체해서 어떻게 됐나요?**

이자를 냈다 편지 비행기

11. 기차를 놓쳐서 고속버스를 탔다.

◆ 기차를 놓쳐서 어떻게 했나요?

택시 고속버스를 탔다 호두과자

12. 미세먼지 때문에 마스크를 쓴다.

◆ 미세먼지 때문에 어떻게 하나요?

마스크를 쓴다 우산 뉴스

13. 비가 와서 우비를 입었다.

◆ 비가 와서 어떻게 했나요?

장마 우비를 입었다 아침

14. 날씨가 흐려서 집에 있었다.

◆ 날씨가 흐려서 어떻게 했나요?

일기예보 집에 있었다 번개

15. 찌개가 매워서 동치미를 먹었다.

◆ 찌개가 매워서 어떻게 했나요?

아침 계량컵 동치미를 먹었다

16. 소금이 떨어져서 이웃한테 빌렸다.

◆ **소금이 떨어져서 어떻게 했나요?**

부족해서 주방 이웃한테 빌렸다

17. 폭설이 내려서 회사에 지각했다.

◆ **폭설이 내려서 어떻게 되었나요?**

회사에 지각했다 눈사람 장갑

18. 허리가 아파서 물리치료를 받았다.

◆ **허리가 아파서 어떻게 했나요?**

한의사 물리치료를 받았다 아파서

19. 갈증이 나서 탄산수를 마셨다.

◆ **갈증이 나서 어떻게 했나요?**

정수기 홍수 탄산수를 마셨다

20. 친구 생일이라서 편지를 썼다.

◆ **친구 생일이라서 어떻게 했나요?**

덮밥 편지를 썼다 폭죽

5어절 문장에서 의문사 '어떻게'

1. 물을 부었더니 갑자기 컵이 깨졌다.

◆ **컵이 어떻게 됐나요?**

명세서 깨졌다 전자레인지

2. 일찍 도착해서 아버지께 전화를 걸었다.

◆ **일찍 도착해서 어떻게 했나요?**

택시 전화를 걸었다 휴대폰

3. 얼큰한 음식을 먹어서 얼굴이 빨개졌다.

◆ **얼굴이 어떻게 됐나요?**

빨개졌다 라면 음식

4. 소화를 시키기 위해 청계천을 걸었다.

◆ **소화를 시키기 위해 어떻게 했나요?**

소화제 청계천을 걸었다 편의점

5. 찌개에 두부를 넣고 3분간 끓였다.

◆ **두부를 넣고 어떻게 했나요?**

도마 맥주 3분간 끓였다

6. 철봉에 부딪혀서 팔꿈치에 피가 났다.

◆ **철봉에 부딪혀서 어떻게 됐나요?**

스트레칭 컴퓨터 피가 났다

7. 나무를 많이 심으니 공기가 맑아졌다.

◆ **공기가 어떻게 됐나요?**

달리기 맑아졌다 화분

8. 교통법을 바꾸니 사고율이 절반으로 줄었다.

◆ **교통법을 어떻게 했나요?**

바꿨다 불법주차 경찰관

9. 지영이는 살을 빼려고 식단을 바꿨다.

◆ **살을 빼려고 어떻게 했나요?**

체중계 시험 식단을 바꿨다

10. 주식투자를 해서 오백만 원을 벌었다.

◆ **어떻게 돈을 벌었나요?**

주식에 투자를 했다 은행 증권계좌

11. 동생은 충치가 생겨서 치과에 갔다.

◆ 충치가 생겨서 어떻게 했나요?

아파서 치과에 갔다 치위생사

12. 어제 산 치마가 작아서 반품했다.

◆ 치마가 작아서 어떻게 했나요?

쇼핑몰 작아서 반품했다

13. 살을 빼려고 저녁마다 필라테스를 한다.

◆ 살을 빼려고 어떻게 하나요?

샐러드 필라테스를 한다 굶어서

14. 마당에 낙엽이 쌓여서 빗자루로 쓸었다.

◆ 낙엽이 쌓여서 어떻게 했나요?

공원 환경미화원 빗자루로 쓸었다

15. 연어 초밥을 먹고 배탈이 났다.

◆ 연어 초밥을 먹고 어떻게 되었나요?

호텔 여의도 배탈이 났다

16. 할머니는 쑥떡을 이웃에게 나누어 주었다.

◆ **쑥떡을 만들어서 어떻게 했나요?**

나물　　　할머니　　　나누어 주었다

17. 갑자기 소나기가 내려서 우산을 샀다.

◆ **소나기가 내려서 어떻게 했나요?**

주웠다　　　우산을 샀다　　　겨울

18. 시험 성적이 낮아서 재시험을 봤다.

◆ **성적이 낮아서 어떻게 했나요?**

재시험을 봤다　　　성적표　　　침대

19. 수빈이는 떡볶이가 매워서 우유를 마셨다.

◆ **떡볶이가 매워서 어떻게 했나요?**

숟가락　　　분식　　　우유를 마셨다

20. 이삿날이 다가와서 짐을 싸기 시작했다.

◆ **짐을 어떻게 했나요?**

짐을 쌌다　　　내일　　　용달차

의문사 '왜'

3어절 문장에서 의문사 '왜'

1. 과속해서 벌금을 냈다.

◆ 왜 벌금을 냈나요?

장갑　　과속해서　　건물

2. 배고파서 피자를 먹는다.

◆ 왜 피자를 먹나요?

배고파서　　피자　　아파트

3. 풍선이 터져서 속상하다.

◆ 왜 속상하나요?

풍선이 터져서　　배탈　　잡았다

4. 울적해서 여행을 떠났다.

◆ 왜 여행을 떠났나요?

삼척　　울적해서　　여행

5. 더워서 냉수를 마셨다.

◆ 왜 냉수를 마셨나요?

더워서　　바다　　해수욕장

6. 위험해서 보호자가 동행했다.

◆ **왜 보호자가 동행했나요?**

노인 위험해서 탄다

7. 폭우로 탄천이 넘쳤다.

◆ **왜 탄천이 넘쳤나요?**

뛰었다 기상청 폭우 때문에

8. 싱거워서 소금을 뿌린다.

◆ **왜 소금을 뿌리나요?**

컵 싱거워서 우유

9. 어지러워서 침대에 누웠다.

◆ **왜 침대에 누웠나요?**

어지러워서 여름 화장품

10. 불편해서 신발을 바꿨다.

◆ **왜 신발을 바꿨나요?**

장화 불편해서 입는다

11. 긁어서 상처가 생겼다.

◆ 왜 상처가 생겼나요?

부딪혔다　　긁어서　　연고

12. 개가 짖어서 시끄럽다.

◆ 왜 시끄럽나요?

고양이　　소음　　개가 짖어서

13. 연말이라서 거리가 복잡하다.

◆ 왜 거리가 복잡하나요?

폭우　　대중교통　　연말이라서

14. 태풍으로 비행기가 결항하였다.

◆ 왜 비행기가 결항하였나요?

비행기　　태풍 때문에　　공항

15. 땅이 얼어서 미끄러졌다.

◆ 왜 미끄러졌나요?

롤러스케이트　　불쌍하다　　땅이 얼어서

16. 공사소음 때문에 시끄럽다.

◆ **왜 시끄럽나요?**

위층　　　닫았다　　　공사소음 때문에

17. 당황스러워서 고개를 돌렸다.

◆ **왜 고개를 돌렸나요?**

넓는다　　　이모　　　당황스러워서

18. 영화가 슬퍼서 울었다.

◆ **왜 울었나요?**

아프다　　　영화관　　　영화가 슬퍼서

19. 알람이 울려서 깼다.

◆ **왜 깼나요?**

초인종　　　알람이 울려서　　　아침

20. 범죄를 저질러서 구속됐다.

◆ **왜 구속됐나요?**

에어컨　　　고친다　　　범죄를 저질러서

4어절 문장에서 의문사 '왜'

1. 새를 구하려고 나무에 올라갔다.

◆ **왜 나무에 올라갔나요?**

새를 구하려고 비빔밥 운전한다

2. 바람이 불어서 모자가 날아갔다.

◆ **왜 모자가 날아갔나요?**

바람이 불어서 우산 붙잡다

3. 휴대폰이 떨어져서 화면이 꺼졌다.

◆ **왜 휴대폰 화면이 꺼졌나요?**

충전기 떨어져서 저녁에

4. 얼굴이 잘생겨서 배우가 되었다.

◆ **왜 배우가 되었나요?**

현관문 편의점 얼굴이 잘생겨서

5. 너무 멀어서 가지 않았다.

◆ **왜 가지 않았나요?**

멀어서 수원 시계

6. 고양이가 예뻐서 입양을 결심하였다.

◆ **왜 고양이를 입양했나요?**

입양한다 예뻐서 흥부

7. 방이 좁아서 책상을 옮겼다.

◆ **왜 책상을 옮겼나요?**

코스모스 책장 방이 좁아서

8. 너무 더워서 수업시간에 졸았다.

◆ **왜 졸았나요?**

칠판 더워서 중간고사

9. 영화가 무서워서 텔레비전을 껐다.

◆ **왜 텔레비전을 껐나요?**

소리 귀신 영화가 무서워서

10. 건강을 위해서 채소를 먹는다.

◆ **왜 채소를 먹나요?**

시금치 건강을 위해서 택배

11. 중이염 때문에 이비인후과에 갔다.

◆ **왜 이비인후과에 갔나요?**

마신다　　중이염 때문에　　주방

12. 시험공부를 하느라 늦게 잤다.

◆ **왜 늦게 잤나요?**

시험공부를 하느라　　게임　　독서실

13. 눈이 따가워서 안약을 넣었다.

◆ **왜 안약을 넣었나요?**

약국　　친구　　눈이 따가워서

14. 상담이 있어서 집을 나섰다.

◆ **왜 집을 나섰나요?**

상담이 있어서　　언어재활　　할아버지

15. 공과금을 납부하러 은행에 갔다.

◆ **왜 은행에 갔나요?**

계좌번호　　공과금을 납부하러　　카드

16. 알레르기 때문에 피부가 가렵다.

◆ 왜 피부가 가렵나요?

바른다 알레르기 때문에 병원

17. 옷이 찢어져서 수선하러 간다.

◆ 왜 수선하러 가나요?

바늘 세탁소 옷이 찢어져서

18. 열심히 해서 칭찬을 받았다.

◆ 왜 칭찬을 받았나요?

열심히 해서 수학 선생님

19. 타이어를 교체하러 정비소에 간다.

◆ 왜 정비소에 가나요?

타이어를 교체하러 바퀴 정비사

20. 바람이 강해서 창문을 닫았다.

◆ 왜 창문을 닫았나요?

비옷 바람이 강해서 에어컨

5어절 문장에서 의문사 '왜'

1. 태진아 노래가 신나서 앨범을 샀다.

◆ **왜 앨범을 샀나요?**

카메라　　노래가 신나서　　샤워기

2. 몸살 기운이 있어 쌍화탕을 마셨다.

◆ **왜 쌍화탕을 마셨나요?**

바이올린　　몸살 기운이 있어서　　주사

3. 시험을 통과해서 부모님께서 용돈을 주셨다.

◆ **왜 용돈을 주셨나요?**

불합격　　고열　　시험을 통과해서

4. 어제 충동구매를 해서 아내에게 혼났다.

◆ **왜 혼났나요?**

어제　　충동구매를 해서　　연봉

5. 차가 너무 뜨거워서 식기를 기다렸다.

◆ **왜 기다렸나요?**

차가 뜨거워서　　카페　　마신다

6. 역사를 왜곡해서 독자의 비판을 받았다.

◆ **왜 비판을 받았나요?**

드라마 작가 역사를 왜곡해서

7. 귀국하는 할아버지를 모시러 공항으로 갔다.

◆ **왜 공항으로 갔나요?**

할아버지를 모시러 비행기 미국

8. 문제가 어려워서 선생님께 도와달라고 했다.

◆ **왜 선생님께 도와달라고 했나요?**

손목 문제가 어려워서 교장실

9. 숙소가 지저분해서 다른 방으로 옮겼다.

◆ **왜 다른 방으로 옮겼나요?**

휴양도시 겨울 숙소가 지저분해서

10. 동생이 콧물을 흘려서 휴지를 주었다.

◆ **왜 휴지를 주었나요?**

감시 콧물을 흘려서 퇴근

11. 뜨거운 물을 쏟아서 화상을 입었다.

◆ 왜 화상을 입었나요?

소방관 뜨거운 물을 쏟아서 신상품

12. 게임을 오래 해서 엄마한테 혼났다.

◆ 왜 엄마한테 혼났나요?

게임을 오래 해서 홍수 컴퓨터

13. 비행기를 타기 위해 공항으로 갔다.

◆ 왜 공항으로 갔나요?

일본 배웅한다 비행기를 타기 위해

14. 아침에 지갑을 잃어버려서 돈이 없다.

◆ 왜 돈이 없나요?

통장 지갑을 잃어버려서 찾는다

15. 우편물을 가지러 서대문 우체국으로 갔다.

◆ 왜 우체국으로 갔나요?

우편물을 가지러 전염병 택배

16. 노후를 위해 삼성전자 주식을 산다.

◆ **왜 주식을 사나요?**

달러 노후를 위해 급여

17. 유리에 찔려서 손가락에 피가 났다.

◆ **왜 피가 났나요?**

신발 반창고 유리에 찔려서

18. 층간 소음 때문에 이사를 간다.

◆ **왜 이사를 가나요?**

부장 층간 소음 때문에 알람 소리

19. 승진을 축하하기 위해 꽃을 샀다.

◆ **왜 꽃을 샀나요?**

꽃집 아내 승진을 축하하기 위해

20. 천둥번개가 쳐서 옆집 아기가 운다.

◆ **왜 아기가 우나요?**

복도 천둥번개가 쳐서 동생

[쉬어가기] 낱말 퍼즐

□ 낱말 퍼즐을 완성하세요.

보기

기린	가위	선풍기	우산

1		2	
			4
3			

가로 퍼즐

1. 더울 때 무엇을 켜나요?
3. 비올 때 무엇을 쓰나요?

세로 퍼즐

2. 목이 긴 동물은 무엇인가요?
4. 종이는 무엇으로 자르나요?

제4장

명제 질문 이해

과제 실시 방법

- 모든 과제의 응답은 구어, 몸짓, 예/아니요, 기호 등을 사용할 수 있습니다.
- 신상 영역에서 대상자 정보 기록지를 활용하여 사전에 정보를 수집합니다.

신상

1. 질문을 들려줍니다.
   예 성함이 홍길동인가요?
2. 오반응 시 다시 질문합니다.
   예 성함이 홍길동인가요?
3. 오반응 시 대상자의 신상에 대해 설명하고 다시 질문합니다.
   예 당신은 홍길동입니다. 성함이 홍길동인가요?

환경

1. 질문을 들려줍니다.
   예 지금 모자를 쓰고 있나요?
2. 오반응 시 다시 질문합니다.
   예 지금 모자를 쓰고 있나요?
3. 오반응 시 대상자에게 환경을 인지시켜 주고 다시 질문합니다.
   예 (대상자의 머리를 가리키며) 지금 모자를 쓰고 있나요?

일반적 사실

1. 질문을 들려줍니다.
   예 수박은 네모 모양인가요?

2. 오반응 시 다시 질문합니다.
   예 수박은 네모 모양인가요?

3. 오반응 시 시각자료(실물, 그림 등)를 제시하며 다시 질문합니다.

신상과 관련된 질문 – 대상자 정보 기록지

1. 이름/성별 :

2. 생년월일/띠 :

3. 회사/직업 :

4. 거주지/주소 :

5. 고향 :

6. 가족 구성

관계	이름	거주지

신상과 관련된 질문

1. 이름이 박민지인가요?

2. 자녀가 두 명인가요?

3. 생일이 6월인가요?

4. 지금 제주도에 사시나요?

5. 지금 삼성전자에서 일하시나요?

6. 아내(남편) 이름이 김영희(김영수)인가요?

7. 딸(아들)은 서울에 사나요?

8. 딸(아들)이 간호사인가요?

9. 집이 용인인가요?

10. 함께 거주하는 가족이 네 명인가요?

11. 서른 살이 넘었나요?

12. 나이가 50대인가요?

13. 직업이 경찰관인가요?

14. ○○○님은 돼지띠인가요?

15. 생일이 11월인가요?

16. 성이 김 씨인가요?

17. 1989년에 태어났나요?

18. 아들은 대전에 사나요?

19. 고향이 전라도 광주인가요?

20. 지금 도쿄에 사나요?

환경과 관련된 질문

1. 지금 모자를 쓰고 있나요?

2. 여기가 치료실인가요?

3. 지금 낮인가요?

4. 방에 창문이 있나요?

5. 지금 장갑을 끼고 있나요?

6. 제가 볼펜을 들고 있나요?

7. 방에 의자가 있나요?

8. 지금 전화가 울리나요?

9. 지금 신발을 신고 있나요?

10. 여기는 식사하는 곳인가요?

11. 지금 휠체어에 앉아 있나요?

12. 지금 여름인가요?

13. 제가 안경을 끼고 있나요?

14. 방에 달력이 걸려 있나요?

15. 여기가 1층인가요?

16. 여기가 약국인가요?

17. 방에 불이 켜졌나요?

18. 책상에 사과가 있나요?

19. 지금 파란 옷을 입고 있나요?

20. 제가 변호사인가요?

일반적 사실과 관련된 질문

1. 수박은 네모난 모양인가요?

2. 여름에 목도리를 하나요?

3. 기린은 동물인가요?

4. 공은 뾰족한가요?

5. 사자는 털이 있나요?

6. 자동차 바퀴는 두 개인가요?

7. 연필로 통화하나요?

8. 가을에 단풍이 드나요?

9. 아프면 우체국에 가나요?

10. 닭은 알을 낳나요?

11. 화분에 리모컨을 심나요?

12. 코끼리는 코가 긴가요?

13. 오리는 다리가 2개 인가요?

14. 아이스크림은 차가운가요?

15. 올해는 2000년인가요?

16. 더울 때 보일러를 켜나요?

17. 딸기는 빨간색인가요?

18. 감자는 땅속에서 자라나요?

19. 크리스마스는 겨울에 있나요?

20. 볼펜으로 채소를 써나요?

21. 반지는 귀에 하나요?

22. 휴대폰으로 통화하나요?

23. 생일은 항상 바뀌나요?

24. 5월은 3월보다 전에 있나요?

25. 소화기로 불을 끄나요?

26. 바퀴는 세모 모양인가요?

27. 침대는 가구인가요?

28. 닭은 소보다 다리가 많나요?

29. 된장은 콩으로 만드나요?

30. 오뚜기는 식품회사인가요?

31. 나훈아는 대통령인가요?

32. 유리는 깨지나요?

33. 바나나는 씨가 있나요?

34. 하루는 24시간인가요?

35. 상추는 물건인가요?

36. 춘천은 강원도에 있나요?

37. 거울로 머리를 빗나요?

38. 제주도에 한라산이 있나요?

39. 이순신이 한글을 만들었나요?

40. 비올 때 우산을 쓰나요?

41. 껌은 입으로 씹나요?

42. 초록불에 횡단보도를 건너나요?

43. 칫솔로 이를 닦나요?

44. 기상청에서 돈을 만드나요?

45. 거실에서 목욕하나요?

46. 식탁은 가구인가요?

47. 커피는 하얀색인가요?

48. 냉장고는 전기가 필요한가요?

49. 삼성은 미국 회사인가요?

50. 책은 종이로 만드나요?

51. 안경알은 두 개인가요?

52. 감기에 걸리면 치과에 가나요?

53. 대한민국 수도는 부산인가요?

54. 8은 2보다 큰가요?

55. 봄 다음은 가을인가요?

56. 육교에 신호등이 있나요?

57. 청바지는 옷인가요?

58. 불이 나면 112에 신고하나요?

59. 동생이 나이가 더 적나요?

60. 카메라로 글을 쓰나요?

[쉬어가기] 유행어

요즘에는 이런 단어를 자주 써요!

보기

땡퇴를 하자마자 혼코노로 향했다. 30분간 열창을 하고 집으로 가서 혼술을 하며 넷플을 봤다. 오늘도 복세편살을 꿈꾼다.

1. **땡퇴**: 퇴근 시간이 되는 것을 종이 울리는 것처럼 '땡 하다'와 퇴근의 '퇴'를 합쳐서 사용하는 말로 퇴근 시간이 되자마자 지체 없이 회사를 떠나는 것을 의미한다.

2. **혼코노**: '혼자 코인 노래방에 가다'를 줄여서 쓰는 말로 동전을 넣고 사용하는 노래방 기계가 있는 동전 노래방, 즉 '코인 노래방'에서 혼자 노래를 부르는 것을 의미한다.

3. **혼술**: '혼자 술을 마시다'를 줄여서 쓰는 단어로 1인 가구의 증가와 함께 새로이 생겨난 문화에서 비롯된 단어다.

4. **넷플**: '넷플릭스(netflix)'를 줄여서 쓰는 단어로 세계 최대의 유료 동영상 스트리밍 서비스를 의미한다. 매달 일정 가격을 지불하면 영화, 드라마, 예능프로그램 등 다양한 서비스를 무제한으로 즐길 수 있다.

5. **복세편살**: '복잡한 세상 편하게 살자'를 줄인 단어로 큰 목적을 성취하기 위해 전전긍긍하는 삶이 아니라 내가 원하는 방식으로 즐겁게 살겠다는 의미다.

제5장

문장 이해

1. 3어절 문장
2. 4어절 문장
3. 5어절 문장
4. 6어절 문장
5. 숫자가 포함된 문장

[쉬어가기] 낱말 퍼즐

과제 실시 방법

1. 문장을 들려주고 이어서 질문합니다.
2. 오반응 시 문장과 질문을 다시 들려줍니다.
3. 오반응 시 보기를 1회 또는 2회 들려줍니다.
4. 오반응 시 문장을 다시 들려주고 보기를 글자 자료로 제시합니다.

3어절 문장

1. 정류장에서 친구를 만났다.

◆ **누구를 만났나요?**

동생	친구	형

◆ **어디서 친구를 만났나요?**

도서관	공항	정류장

2. 오늘 학교에 갔다.

◆ **어디에 갔나요?**

학교	국회의사당	지하철역

◆ **언제 갔나요?**

지금	오늘	12시

3. 아파서 집으로 갔다.

◆ **어디로 갔나요?**

집	수영장	서점

◆ **왜 갔나요?**

추워서	아파서	뛰어서

4. 삼촌이 서울로 떠났다.

◆ **어디로 떠났나요?**

시골	서울	안방

◆ **누가 떠났나요?**

할머니	여동생	삼촌

5. 한강에서 유람선을 탔다.

◆ **무엇을 탔나요?**

유람선 놀이기구 택시

◆ **어디서 유람선을 탔나요?**

영종도 한강 해운대

6. 아들이 아파서 속상하다.

◆ **누가 아픈가요?**

아들 조카 숙모

◆ **왜 속상한가요?**

시험을 망쳐서 아들이 아파서 우유를 마셔서

7. 옥상에서 기타를 친다.

◆ **무엇을 치나요?**

드럼 기타 꽹과리

◆ **어디서 기타를 치나요?**

연습실 대강당 옥상

8. 한강에서 치킨을 주문했다.

◆ **무엇을 주문했나요?**

피자 자장면 치킨

◆ **어디서 치킨을 주문했나요?**

집 한강 청계천

9. 발명대회에서 금상을 받았다.

- 무슨 상을 받았나요?

동상 은상 금상

- 무슨 대회에서 상을 받았나요?

경시대회 발명대회 육상대회

10. 스마트폰으로 사진을 찍는다.

- 무엇을 하나요?

전화를 한다 사진을 찍는다 문자를 보낸다

- 무엇으로 사진을 찍나요?

스마트폰 컴퓨터 사진기

11. 6시에 여의도로 출발했다.

- 언제 출발했나요?

저녁 6시 10시

- 어디로 출발했나요?

여의도 부산 수원

12. 문구점에서 지우개를 샀다.

- 무엇을 샀나요?

지우개 색종이 볼펜

- 어디서 지우개를 샀나요?

다이소 문구점 마트

13. 결혼기념일이라서 아내와 외식했다.

◆ 누구와 외식했나요?

아내	딸	엄마

◆ 왜 외식했나요?

결혼기념일이라서	피곤해서	회의 때문에

14. 농부가 트랙터를 몰았다.

◆ 무엇을 몰았나요?

자동차	트랙터	오토바이

◆ 누가 트랙터를 몰았나요?

어부	경비원	농부

15. 길에서 붕어빵을 샀다.

◆ 무엇을 샀나요?

케이크	붕어빵	빵집

◆ 어디서 붕어빵을 샀나요?

공원	아파트	길

16. 공원에 진달래꽃이 폈다.

◆ 무엇이 폈나요?

진달래꽃	보리차	홍차

◆ 어디에 진달래꽃이 폈나요?

도서관	길	공원

17. 오븐에 케이크를 굽는다.

◆ **무엇을 굽나요?**

식빵 고등어 케이크

◆ **어디에 케이크를 굽나요?**

프라이팬 전자레인지 오븐

18. 식당에서 백반을 먹었다.

◆ **무엇을 먹었나요?**

물 백반 라면

◆ **어디서 백반을 먹었나요?**

부엌 백화점 식당

19. 은행에서 돋보기를 낀다.

◆ **무엇을 끼나요?**

통장 돋보기 도장

◆ **어디서 돋보기를 끼나요?**

집 학교 은행

20. 누나랑 저녁에 걸었다.

◆ **누구와 걸었나요?**

여자친구 누나 강아지

◆ **언제 걸었나요?**

새벽 오후 저녁

21. 배고파서 계란말이를 만들었다.

◆ **무엇을 만들었나요?**

계란말이 스테이크 고등어

◆ **왜 계란말이를 만들었나요?**

좋아해서 배고파서 먹으려고

22. 매워서 요구르트를 마셨다.

◆ **무엇을 마셨나요?**

물 우유 요구르트

◆ **왜 요구르트를 마셨나요?**

목말라서 매워서 더워서

23. 가족들과 낙엽을 쓸었다.

◆ **무엇을 쓸었나요?**

쓰레기 낙엽 밀가루

◆ **누구와 낙엽을 쓸었나요?**

동료 친구 가족

24. 휴대폰으로 드라마를 본다.

◆ **무엇을 보나요?**

뉴스 드라마 음악

◆ **무엇으로 드라마를 보나요?**

냉장고 휴대폰 사전

25. 냄비에 딸기잼을 졸인다.

◆ 무엇을 졸이나요?

라면 커피 딸기잼

◆ 어디에 딸기잼을 졸이나요?

냄비 접시 프라이팬

26. 뉴스에 박명수가 나왔다.

◆ 누가 나왔나요?

박명수 할아버지 유재석

◆ 어디에 나왔나요?

라디오 뉴스 유튜브

27. 내일부터 방학이 시작된다.

◆ 무엇이 시작되나요?

시험 방학 시합

◆ 언제부터 시작되나요?

오늘 내일 다음 주

28. 지하철에서 반지를 잃어버렸다.

◆ 무엇을 잃어버렸나요?

반지 목걸이 장갑

◆ 어디서 반지를 잃어버렸나요?

놀이터 계단 지하철

29. 부장님이 트럭을 운전한다.

◆ **누가 운전하나요?**

부장님 과장님 아버지

◆ **무엇을 운전하나요?**

오토바이 자전거 트럭

30. 점심에 오므라이스를 먹었다.

◆ **무엇을 먹었나요?**

소시지 햄버거 오므라이스

◆ **언제 오므라이스를 먹었나요?**

아침 점심 저녁

31. 전기포트에 물을 끓인다.

◆ **무엇을 끓이나요?**

국 물 감자

◆ **어디에 물을 끓이나요?**

전기포트 주전자 냄비

32. 추석에 한복을 입었다.

◆ **무엇을 입었나요?**

조끼 잠옷 한복

◆ **언제 한복을 입었나요?**

설날 단오 추석

33. 컵에 주스를 따른다.

◆ 무엇을 따르나요?

물 우유 주스

◆ 어디에 주스를 따르나요?

주전자 컵 냄비

34. 소란스러워서 경찰에 신고했다.

◆ 어디에 신고했나요?

경비실 경찰 응급실

◆ 왜 신고했나요?

불이 나서 잠을 못 자서 소란스러워서

35. 더워서 창문을 열었다.

◆ 무엇을 열었나요?

방문 창문 서랍

◆ 더워서 어떻게 했나요?

피서를 갔다 주스를 마셨다 창문을 열었다

36. 녹차를 주전자에 우렸다.

◆ 무엇을 우렸나요?

커피 녹차 초코우유

◆ 어디에 녹차를 우렸나요?

컵 전기포트 주전자

37. 칼로 당근을 썬다.

◆ **무엇을 써나요?**

당근 오이 감자

◆ **무엇으로 당근을 써나요?**

가위 믹서 칼

38. 콘센트에 충전기를 꽂았다.

◆ **무엇을 꽂았나요?**

충전기 연필 블럭

◆ **어디에 충전기를 꽂았나요?**

서랍 필통 콘센트

39. 동생이 울어서 달랜다.

◆ **누가 우나요?**

동생 이모 오빠

◆ **왜 동생을 달래나요?**

아파서 울어서 다쳐서

40. 엄마가 은행에 간다.

◆ **어디에 가나요?**

우체국 옆집 은행

◆ **누가 가나요?**

아빠 할머니 엄마

41. 길에서 장갑을 잃어버렸다.

◆ 무엇을 잃어버렸나요?

장갑 가방 신분증

◆ 어디서 장갑을 잃어버렸나요?

학교 길 지하철

42. 아침마다 녹즙을 마셨다.

◆ 무엇을 마셨나요?

주스 녹즙 보약

◆ 언제 녹즙을 마셨나요?

저녁 점심 아침

43. 정류장에서 친구를 기다린다.

◆ 누구를 기다리나요?

친구 아빠 삼촌

◆ 어디서 기다리나요?

집 앞 운동장 정류장

44. 저녁마다 요가를 한다.

◆ 무엇을 하나요?

태권도 요가 복싱

◆ 언제 요가를 하나요?

저녁 새벽 주말

45. 팔찌가 예뻐서 샀다.

◆ **무엇을 샀나요?**

꽃 팔찌 화분

◆ **왜 팔찌를 샀나요?**

선물하려고 예뻐서 장식하려고

46. 김영철이 신나서 웃는다.

◆ **누가 웃나요?**

박미선 김영철 누나

◆ **왜 웃나요?**

간지러워서 영화가 웃겨서 신나서

47. 복지관에서 송편을 만들었다.

◆ **무엇을 만들었나요?**

만두 송편 떡

◆ **어디서 송편을 만들었나요?**

문화센터 할머니 댁 복지관

48. 염색하러 미용실에 갔다.

◆ **어디에 갔나요?**

꽃집 미용실 백화점

◆ **왜 갔나요?**

머리카락을 자르러 친구를 만나러 염색하러

49. 안동에서 탈춤을 봤다.

◆ 무엇을 봤나요?

국악　　판소리　　탈춤

◆ 어디서 탈춤을 봤나요?

동래　　안동　　진주

50. 크레파스로 얼굴을 그렸다.

◆ 무엇을 그렸나요?

나무　　얼굴　　풍경

◆ 무엇으로 얼굴을 그렸나요?

연필　　사인펜　　크레파스

51. 형광등이 꺼져서 놀랐다.

◆ 무엇이 꺼졌나요?

텔레비전　　형광등　　음악

◆ 왜 놀랐나요?

불이 나서　　동생이 넘어져서　　형광등이 꺼져서

52. 원숭이가 바나나를 먹는다.

◆ 무엇을 먹나요?

수박　　바나나　　고기

◆ 누가 먹나요?

아빠　　침팬지　　원숭이

4어절 문장

1. 어머니와 식당에서 대구탕을 먹었다.

◆ 무엇을 먹었나요?

대구탕 냉면 갈비찜

◆ 누구와 대구탕을 먹었나요?

친구 할머니 어머니

2. 동생은 얼마 전에 이직했다.

◆ 누가 이직했나요?

동생 친구 남편

◆ 언제 이직했나요?

얼마 전 어제 오늘

3. 백화점에 갔다가 이불을 샀다.

◆ 무엇을 샀나요?

이불 안경 과일

◆ 어디서 이불을 샀나요?

편의점 백화점 안경점

4. 폭우가 내려서 가게를 닫았다.

◆ 무엇을 닫았나요?

가게 냉장고 학교

◆ 왜 가게를 닫았나요?

피곤해서 공휴일이라서 폭우가 내려서

5. 저녁에 회사에서 샌드위치를 먹었다.

◆ 무엇을 먹었나요?

샌드위치 치킨덮밥 아메리카노

◆ 언제 샌드위치를 먹었나요?

아침 점심 저녁

6. 누군가 쫓아와서 골목에서 뛰었다.

◆ 어디서 뛰었나요?

도로 골목 운동장

◆ 왜 뛰었나요?

누가 쫓아와서 비가 내려서 지각해서

7. 솥에 만두를 15분간 쪘다.

◆ 무엇을 쪘나요?

고구마 만두 찹쌀떡

◆ 어디에 만두를 쪘나요?

전기밥솥 프라이팬 솥

8. 주연이는 유기농 음식만 먹는다.

◆ 어떤 음식만 먹나요?

고칼슘 음식 저지방 음식 유기농 음식

◆ 누가 유기농 음식만 먹나요?

지수 준서 주연

9. 손녀와 북한산에서 사진을 찍었다.

◆ **어디서 사진을 찍었나요?**

북한산 안산 둘레길

◆ **누구와 사진을 찍었나요?**

할아버지 조카 손녀

10. 운동화를 사서 남편에게 선물했다.

◆ **무엇을 샀나요?**

지갑 사과즙 운동화

◆ **누구에게 운동화를 선물했나요?**

아내 동생 남편

11. 머리띠를 두르고 전쟁터로 나갔다.

◆ **무엇을 둘렀나요?**

깃발 허리띠 머리띠

◆ **어디로 나갔나요?**

헬스장 미용실 전쟁터

12. 초콜릿을 만들어 어머니께 드렸다.

◆ **무엇을 만들었나요?**

초콜릿 볶음밥 찌개

◆ **초콜릿을 어떻게 했나요?**

가게에 팔았다 집에 두었다 어머니께 드렸다

13. 사위가 쿠팡에서 밀감을 주문했다.

◆ 누가 주문했나요?

사위　　나　　언니

◆ 무엇을 주문했나요?

쌀　　밀감　　단감

14. 라텍스 베개를 햇볕에 말렸다.

◆ 무엇을 말렸나요?

이불　　베개　　인형

◆ 베개를 어떻게 했나요?

버렸다　　햇볕에 말렸다　　건조기에 넣었다

15. 공항에서 커피를 마시며 기다렸다.

◆ 어디서 기다렸나요?

버스정류장　　영화관　　공항

◆ 무엇을 마셨나요?

커피　　맥주　　생수

16. 매일 아침 시집을 읽는다.

◆ 무엇을 읽나요?

신문　　시집　　일기

◆ 언제 시집을 읽나요?

밤　　점심　　아침

17. 의원들은 정각에 인사를 나누었다.

◆ 누가 인사를 나누었나요?

아이들 학생들 의원들

◆ 언제 인사를 나누었나요?

오전 정각 오후

18. 독립군은 밤마다 일본군에 저항하였다.

◆ 누가 일본군에 저항하였나요?

경찰관 임금 독립군

◆ 언제 일본군에 저항하였나요?

오후 새벽 밤

19. 독감이 유행해서 병원이 바쁘다.

◆ 무엇이 유행인가요?

흑사병 여드름 독감

◆ 왜 병원이 바쁜가요?

문을 닫아서 독감이 유행해서 환자가 없어서

20. 공기청정기 필터를 물로 세척했다.

◆ 무엇을 세척했나요?

에어컨 필터 공기청정기 필터 가습기 필터

◆ 필터를 어떻게 했나요?

교체했다 버렸다 세척했다

21. 새벽마다 공원을 뛰었더니 건강해졌다.

◆ **어디를 뛰었나요?**

공원 안방 강당

◆ **언제 뛰었나요?**

저녁 자정 새벽

22. 음악이 나오자 관객은 소리쳤다.

◆ **누가 소리쳤나요?**

관객 어린이 어르신

◆ **관객은 어떻게 했나요?**

박수쳤다 눈물을 흘렸다 소리쳤다

23. 중절모를 쓴 사내가 숨었다.

◆ **사내는 무엇을 썼나요?**

지팡이 목걸이 중절모

◆ **사내는 어떻게 했나요?**

숨었다 달렸다 웃었다

24. 김치를 담그려고 배추를 절였다.

◆ **무엇을 담그나요?**

젓갈 간장 김치

◆ **배추를 어떻게 했나요?**

썰었다 절였다 맛보았다

25. 아침에 사장님께 메일을 보냈다.

◆ **언제 메일을 보냈나요?**

밤 아침 오후

◆ **누구에게 메일을 보냈나요?**

사장님 친구 부모님

26. 어젯밤에 오랜만에 할머니와 통화했다.

◆ **누구와 통화했나요?**

할아버지 친구 할머니

◆ **언제 통화했나요?**

어젯밤 오늘 내일

27. 방학 기간에 합기도를 배웠다.

◆ **무엇을 배웠나요?**

요가 뜨개질 합기도

◆ **언제 합기도를 배웠나요?**

휴일 방학 새벽

28. 거실에 있는 거울이 깨졌다.

◆ **무엇이 깨졌나요?**

컵 액정 거울

◆ **거울은 어디에 있나요?**

거실 사무실 회의실

29. 저녁에 동생과 광안대교에 갔다.

◆ **어디에 갔나요?**

광안대교	신촌	센텀시티

◆ **누구와 갔나요?**

동생	아빠	삼촌

30. 오늘 여의도에서 친구들을 만났다.

◆ **누구를 만났나요?**

선생님	친구들	가족

◆ **어디서 친구들을 만났나요?**

여의도	강남	목동

31. 계곡에 도착해서 텐트를 쳤다.

◆ **어디에 도착했나요?**

캠핑장	계곡	관악산

◆ **무엇을 쳤나요?**

파라솔	커튼	텐트

32. 주말에 가족들과 제주도에 다녀왔다.

◆ **어디에 다녀왔나요?**

제주도	대마도	일본

◆ **누구와 다녀왔나요?**

친구	가족	직장 동료

33. 배낭에 두꺼운 양말을 넣었다.

◆ **무엇을 넣었나요?**

바지 양말 손수건

◆ **어디에 양말을 넣었나요?**

서랍 배낭 신발장

34. 아침에 진영이와 전시회에 갔다.

◆ **어디에 갔나요?**

마트 문구점 전시회

◆ **언제 전시회에 갔나요?**

아침 저녁 새벽

35. 아버지가 편찮으셔서 전복죽을 끓였다.

◆ **무엇을 끓였나요?**

미역국 전복죽 닭죽

◆ **왜 전복죽을 끓였나요?**

아버지가 편찮으셔서 입맛이 없어서 생일이라서

36. 할머니가 쓰러지셔서 회사를 조퇴했다.

◆ **어디를 조퇴했나요?**

학교 수업 회사

◆ **왜 회사를 조퇴했나요?**

배가 아파서 할머니가 쓰러지셔서 쉬려고

37. 수박을 사려고 롯데마트에 간다.

◆ **어디에 가나요?**

우체국 편의점 롯데마트

◆ **왜 가나요?**

수박을 사려고 환불하려고 동생을 만나려고

38. 사이즈가 작아서 바지를 교환했다.

◆ **무엇을 교환했나요?**

티셔츠 바지 모자

◆ **왜 교환했나요?**

비싸서 사이즈가 작아서 불량품이라서

39. 사고가 나서 구급차가 출동했다.

◆ **무엇이 출동했나요?**

경찰차 버스 구급차

◆ **왜 출동했나요?**

사고가 나서 사람이 다쳐서 동물이 다쳐서

40. 일요일에 아내와 한옥마을에 갔다.

◆ **어디에 갔나요?**

한솔마을 미술관 한옥마을

◆ **누구와 갔나요?**

남편 아내 아들

41. 열이 나서 해열제를 샀다.

◆ 무엇을 샀나요?

두통약　　해열제　　기침약

◆ 왜 해열제를 샀나요?

배가 아파서　　맛이 없어서　　열이 나서

42. 내일 청계산에 가기로 했다.

◆ 어디에 가기로 했나요?

한라산　　청계산　　경복궁

◆ 언제 가기로 했나요?

오늘　　주말　　내일

43. 햇볕이 강해서 선글라스를 꼈다.

◆ 무엇을 꼈나요?

로션　　연고　　선글라스

◆ 왜 선글라스를 꼈나요?

더워서　　햇볕이 강해서　　피부가 따가워서

44. 남편과 삼청동에서 저녁을 먹었다.

◆ 어디서 저녁을 먹었나요?

삼청동　　수변공원　　청와대

◆ 누구와 저녁을 먹었나요?

형　　남편　　삼촌

45. 사거리에서 노란 은행잎을 주웠다.

◆ **무엇을 주웠나요?**

은행잎	나뭇가지	버드나무

◆ **어디서 은행잎을 주웠나요?**

육교	사거리	출구

46. 공책을 사려고 문구점에 간다.

◆ **어디에 가나요?**

삼거리	학교	문구점

◆ **왜 가나요?**

선물을 사러	공책을 사려고	친구를 만나려고

47. 내일 언니와 영국으로 출국한다.

◆ **어디로 출국하나요?**

영국	일본	중국

◆ **누구와 출국하나요?**

어머니	언니	동생

48. 차가 막혀서 회의에 지각했다.

◆ **어디에 지각했나요?**

회사	세미나	회의

◆ **왜 지각했나요?**

차가 막혀서	늦잠을 자서	시계가 고장 나서

49. 테니스를 치다가 손가락을 다쳤다.

◆ **어디를 다쳤나요?**

발가락 손가락 손목

◆ **무엇을 하다가 다쳤나요?**

공사하다가 테니스를 치다가 운동하다가

50. 도서관에서 매주 책을 빌린다.

◆ **무엇을 빌리나요?**

컴퓨터 책 노트

◆ **어디서 책을 빌리나요?**

서점 도서관 학교

51. 코트를 사러 아울렛에 갔다.

◆ **어디에 갔나요?**

마트 아울렛 파주

◆ **왜 갔나요?**

환불하려고 신발을 사려고 코트를 사려고

52. 지은이는 인사동에서 택견을 구경했다.

◆ **무엇을 구경했나요?**

버스킹 택견 사물놀이

◆ **어디서 택견을 구경했나요?**

인사동 명동 남포동

1. 류현진 선수가 보육원에 기부금을 냈다.

◆ 무엇을 냈나요?

기부금 월급 수당

◆ 누가 기부금을 냈나요?

안정환 선수 이동국 선수 류현진 선수

◆ 어디에 기부금을 냈나요?

요양병원 보육원 적십자

2. 어머니는 정육점에서 호주산 쇠고기를 샀다.

◆ 무엇을 샀나요?

쇠고기 생선 미역

◆ 누가 쇠고기를 샀나요?

시아버지 형님 어머니

◆ 어디서 쇠고기를 샀나요?

시장 마트 정육점

3. 내일은 직원들과 등산을 하러 간다.

◆ 무엇을 하러 가나요?

낚시 등산 봉사

◆ 언제 가나요?

오늘 내일 다음 달

◆ 누구와 가나요?

가족 친구 직원들

4. 세탁기가 망가져서 서비스센터에 전화를 걸었다.

◆ **무엇이 망가졌나요?**

컴퓨터 휴대폰 세탁기

◆ **어디에 전화를 걸었나요?**

집 서비스센터 본사

◆ **왜 전화를 걸었나요?**

시간이 없어서 불이 나서 세탁기가 망가져서

5. 혜민이는 자전거를 타다가 다리를 다쳤다.

◆ **누가 다쳤나요?**

혜민 할아버지 지영

◆ **무엇을 탔나요?**

지하철 킥보드 자전거

◆ **자전거를 타다가 어떻게 되었나요?**

빨리 달렸다 다리를 다쳤다 병원에 갔다

6. 성진이는 눈이 아파서 안과에 갔다.

◆ **어디에 갔나요?**

치과 안과 학교

◆ **누가 갔나요?**

선생님 의사 성진

◆ **왜 안과에 갔나요?**

배가 아파서 눈이 아파서 돈을 찾으려고

7. 삼촌과 대학로에서 라이어 연극을 봤다.

- 무엇을 봤나요?

영화 / 연극 / 전시

- 누구와 연극을 봤나요?

형부 / 친구 / 삼촌

- 어디서 연극을 봤나요?

홍대 / 신촌 / 대학로

8. 누나가 책을 사려고 교보문고에 들렀다.

- 어디에 들렀나요?

교보문고 / 백화점 / 제과점

- 왜 들렀나요?

책을 사려고 / 환불하려고 / 산책하려고

- 누가 들렀나요?

이모 / 선생님 / 누나

9. 일요일에 승합차를 타고 민속촌에 갔다.

- 어디에 갔나요?

집 / 민속촌 / 할아버지 댁

- 언제 갔나요?

일요일 / 어제 / 오늘

- 무엇을 타고 갔나요?

택시 / 버스 / 승합차

10. 내일 아버지는 홍콩으로 출장을 가신다.

◆ 어디로 출장을 가나요?

부산 일본 홍콩

◆ 누가 출장을 가나요?

동생 시어머니 아버지

◆ 언제 출장을 가나요?

오늘 내일 다음 달

11. 태풍 때문에 중국행 비행기가 결항하였다.

◆ 무엇이 결항하였나요?

배 기차 비행기

◆ 어디로 가는 비행기가 결항하였나요?

대만 미국 중국

◆ 왜 결항하였나요?

고장 나서 인명 피해로 태풍 때문에

12. 모레 가족과 남해로 여행을 간다.

◆ 어디로 여행을 가나요?

동해 경주 남해

◆ 누구와 여행을 가나요?

친구 형 가족

◆ 언제 여행을 가나요?

모레 주말 오늘

13. 광화문 광장에서 선착순으로 표를 배포한다.

◆ 무엇을 배포하나요?

표　　　책　　　공부

◆ 어디서 표를 배포하나요?

시청 광장　　　광화문 광장　　　서울역 광장

◆ 표를 어떻게 배포하나요?

성적순으로　　　추첨으로　　　선착순으로

14. 소라는 면접을 보러 양재동에 간다.

◆ 어디에 가나요?

광화문　　　회사　　　양재동

◆ 누가 가나요?

할아버지　　　소라　　　아버지

◆ 왜 가나요?

친구를 만나려고　　　면접을 보려고　　　점심을 먹으려고

15. 나는 일출을 보려고 정동진으로 떠났다.

◆ 누가 떠났나요?

할머니　　　민수　　　나

◆ 어디로 떠났나요?

호미곶　　　동해　　　정동진

◆ 왜 정동진으로 떠났나요?

일출을 보려고　　　휴가라서　　　쉬려고

16. 며느리가 뜨개질 동호회에서 가방을 만들었다.

◆ 무엇을 만들었나요?

가방 지갑 목도리

◆ 누가 가방을 만들었나요?

사위 며느리 시어머니

◆ 어디서 가방을 만들었나요?

집 공방 동호회

17. 주문이 취소돼서 오늘은 가게를 닫는다.

◆ 무엇을 닫나요?

학교 회사 가게

◆ 언제 가게를 닫나요?

오늘 내일 이번 주

◆ 왜 가게를 닫나요?

은행에 가려고 주문이 취소돼서 직원이 없어서

18. 점심을 먹고 경복궁에서 연을 날렸다.

◆ 무엇을 날렸나요?

풍선 비눗방울 연

◆ 어디서 연을 날렸나요?

경복궁 마당 공원

◆ 언제 연을 날렸나요?

아침을 먹고 점심을 먹고 저녁마다

19. 오후에 서울에는 갑자기 비가 내렸다.

- **날씨가 어땠나요?**

눈이 왔다 | 더웠다 | 비가 내렸다

- **어디에 비가 내렸나요?**

부산 | 대구 | 서울

- **언제 비가 내렸나요?**

오전 | 오후 | 새벽

20. 마당에서 할아버지께서 화분에 물을 주신다.

- **누가 물을 주나요?**

아버지 | 동생 | 할아버지

- **어디에 물을 주나요?**

화분 | 나무 | 고양이

- **할아버지는 어디에 계신가요?**

거실 | 마당 | 골목

21. 격투기 선수가 도핑검사에서 음성으로 판정받았다.

- **무슨 검사를 받았나요?**

혈액검사 | 신체검사 | 도핑검사

- **누가 검사를 받았나요?**

축구 선수 | 격투기 선수 | 농구 선수

- **결과는 어떻게 나왔나요?**

양성 | 음성 | 재검사

22. 내일은 광복절이지만 삼촌은 회사에 출근한다.

◆ **내일은 무슨 날인가요?**

광복절 삼일절 어버이날

◆ **광복절은 언제인가요?**

오늘 내일 일요일

◆ **누가 출근하나요?**

이모부 고모 삼촌

23. 영수는 저녁마다 어학원에서 영어를 배운다.

◆ **무엇을 배우나요?**

춤 요가 영어

◆ **어디서 영어를 배우나요?**

학교 회사 어학원

◆ **언제 영어를 배우나요?**

새벽 저녁 아침

24. 형은 주말마다 동네 헬스장에서 운동한다.

◆ **누가 운동하나요?**

삼촌 동생 형

◆ **언제 운동하나요?**

새벽 주말 주중

◆ **어디에서 운동하나요?**

운동장 집 헬스장

25. 약국에서 1시간을 기다려서 마스크를 구매했다.

◆ 무엇을 구매했나요?

반창고 마스크 위장약

◆ 어디서 마스크를 구매했나요?

편의점 약국 식당

◆ 약국에서 얼마나 기다렸나요?

10분 30분 1시간

26. 스타벅스에서 커피를 사서 친구한테 주었다.

◆ 무엇을 샀나요?

커피 돼지고기 코코아

◆ 누구한테 커피를 주었나요?

손님 친구 할머니

◆ 어디서 커피를 샀나요?

할리스 편의점 스타벅스

27. 잠실역에서 지하철을 타고 강남으로 갔다.

◆ 무엇을 타고 갔나요?

택시 지하철 버스

◆ 어디서 지하철을 탔나요?

신촌역 강남역 잠실역

◆ 지하철을 타고 어디로 갔나요?

강남 해운대 광나루

28. 타이타닉호는 대형 빙산에 부딪혀 침몰했다.

◆ **무엇이 침몰했나요?**

유람선 타이타닉호 잠수함

◆ **어디에 부딪혔나요?**

바위 부두 빙산

◆ **왜 침몰했나요?**

기계 결함으로 빙산에 부딪혀서 기름이 새서

29. 창희가 오리발을 끼고 물에 들어간다.

◆ **어디에 들어가나요?**

방 물 교실

◆ **누가 물에 들어가나요?**

지영 창희 오리

◆ **무엇을 끼고 들어가나요?**

장갑 반지 오리발

30. 아기가 벽에 낙서해서 벽지를 바꾸었다.

◆ **어디에 낙서했나요?**

바닥 벽지 침대

◆ **누가 낙서했나요?**

아기 조카 형

◆ **왜 벽지를 바꾸었나요?**

오래돼서 더러워서 낙서해서

31. 수험생이 성적표를 확인하고 낙심하여 울었다.

◈ **누가 울었나요?**

재수생 수험생 중학생

◈ **무엇을 확인했나요?**

교과서 성적표 책상

◈ **왜 울었나요?**

기뻐서 화나서 낙심해서

32. 어제 현대백화점 식품관에서 과일을 구입했다.

◈ **무엇을 구입했나요?**

육류 생선 과일

◈ **어디서 과일을 구입했나요?**

재래시장 대형마트 현대백화점

◈ **언제 과일을 구입했나요?**

어제 지난주 오늘

33. 영화를 보느라 늦게 자서 피곤하다.

◈ **무엇을 봤나요?**

영화 뉴스 강의

◈ **상태가 어떤가요?**

배고프다 졸리다 피곤하다

◈ **왜 피곤한가요?**

일이 많아서 늦게 자서 운동해서

34. 연립주택 관리비는 수도세가 포함되어 비싸다.

◆ **무엇이 비싼가요?**

관리비 교육비 교통비

◆ **관리비에 무엇이 포함되나요?**

가스비 수도세 전화비

◆ **왜 관리비가 비싼가요?**

수도세가 포함돼서 연체돼서 물가가 올라서

35. 점원은 다이아몬드 반지를 상자에 포장했다.

◆ **무엇을 포장했나요?**

목걸이 시계 반지

◆ **누가 반지를 포장했나요?**

점원 언니 어머니

◆ **반지를 어떻게 했나요?**

손가락에 꼈다 상자에 포장했다 반품했다

36. 고양이가 마당을 파헤쳐서 잔디가 망가졌다.

◆ **무엇을 파헤쳤나요?**

운동장 마당 지붕

◆ **누가 마당을 파헤쳤나요?**

고양이 아버지 강아지

◆ **왜 잔디가 망가졌나요?**

말라서 고양이가 파헤쳐서 개가 뛰어서

37. 오후에 영풍문고에서 대학교 동창과 마주쳤다.

◆ 누구와 마주쳤나요?

동창 선생님 상사

◆ 어디서 마주쳤나요?

홈플러스 영풍문고 롯데마트

◆ 언제 마주쳤나요?

오후 저녁 새벽

38. 어제 세탁소에서 겨울 코트를 찾아왔다.

◆ 무엇을 찾아왔나요?

코트 원피스 정장

◆ 어디서 코트를 찾아왔나요?

백화점 세탁소 아파트

◆ 언제 코트를 찾아왔나요?

이틀 전 어제 오늘

39. 독일에서 맥주를 마시고 배탈이 났다.

◆ 무엇을 마셨나요?

맥주 콜라 포도주

◆ 어디서 맥주를 마셨나요?

독서실 음식점 독일

◆ 맥주를 마시고 어떻게 되었나요?

취했다 배탈이 났다 살이 쪘다

40. 선생님은 텃밭에 노란색 튤립을 심었다.

◆ 무엇을 심었나요?

토끼 튤립 장미

◆ 누가 튤립을 심었나요?

아버지 학생 선생님

◆ 어디에 심었나요?

텃밭 교실 화단

41. 선우는 하이힐을 신고 뛰다가 넘어졌다.

◆ 무엇을 신고 뛰었나요?

슬리퍼 하이힐 운동화

◆ 누가 하이힐을 신었나요?

선우 지원 민지

◆ 선우는 뛰다가 어떻게 되었나요?

멈추었다 넘어졌다 친구를 만났다

42. 여자가 남자에게 장미를 주며 고백했다.

◆ 누가 고백했나요?

여자 남자 남편

◆ 무엇을 주었나요?

반지 열쇠 장미

◆ 장미를 주며 어떻게 했나요?

포옹했다 고백했다 노래했다

43. 청년이 편의점에서 절도해서 경찰에게 잡혔다.

◆ 누가 잡혔나요?

도둑　　운동선수　　청년

◆ 왜 잡혔나요?

폭행해서　　절도해서　　음주운전을 해서

◆ 어디서 절도를 했나요?

대형마트　　편의점　　영화관

44. 아내와 오토바이를 타고 강원도까지 갔다.

◆ 어디까지 갔나요?

경상도　　전라도　　강원도

◆ 누구와 갔나요?

아내　　아줌마　　남동생

◆ 무엇을 타고 갔나요?

기차　　비행기　　오토바이

45. 삼겹살이 기름져서 양파를 곁들여 먹었다.

◆ 무엇을 먹었나요?

삼겹살　　광어회　　연어초밥

◆ 무엇을 곁들여 먹었나요?

고추　　양파　　피망

◆ 왜 양파를 곁들여 먹었나요?

양파를 좋아해서　　삼겹살이 기름져서　　소금이 짜서

46. 구내식당에서 제육덮밥을 먹고 홍차를 마셨다.

◆ **무엇을 먹었나요?**

김치찌개 제육덮밥 카레라이스

◆ **어디서 제육덮밥을 먹었나요?**

집 사무실 구내식당

◆ **무엇을 마셨나요?**

홍차 녹차 우유

47. 경포대에서 수영을 하다가 물안경을 잃어버렸다.

◆ **무엇을 했나요?**

자전거를 탔다 수영을 했다 운전했다

◆ **어디서 수영을 했나요?**

속초 남해 경포대

◆ **무엇을 잃어버렸나요?**

물안경 신발 모자

48. 동원이는 발목을 다쳐서 한의원에 갔다.

◆ **어디를 다쳤나요?**

손목 어깨 발목

◆ **어디에 갔나요?**

약국 한의원 회사

◆ **왜 한의원에 갔나요?**

불면증 때문에 어지러워서 발목을 다쳐서

6어절 문장

1. 손님들은 새우를 넣은 된장찌개가 시원하다며 좋아한다.

◆ 무엇을 좋아하나요?

밑반찬 콩나물국 된장찌개

◆ 된장찌개에 무엇을 넣나요?

새우 조개 고기

◆ 왜 된장찌개를 좋아하나요?

가격이 저렴해서 맛이 시원해서 구수해서

2. 3월에 중앙여고 학생들이 모여 벚꽃축제를 열었다.

◆ 누가 축제를 열었나요?

선생님 학생들 학부모

◆ 무슨 축제를 열었나요?

음식축제 벚꽃축제 단풍축제

◆ 언제 축제를 열었나요?

3월 4월 5월

3. 대만으로 여행을 떠나 야시장에서 망고빙수를 먹었다.

◆ 어느 나라로 여행을 갔나요?

대만 홍콩 일본

◆ 무엇을 먹었나요?

펑리수 망고빙수 볶음밥

◆ 어디서 망고빙수를 먹었나요?

야시장 예류 중정기념당

4. 부모님과 인천에서 제주도행 유람선을 타고 떠났다.

◆ 어디서 배를 탔나요?

부산 인천 강릉

◆ 어디로 향하는 여정인가요?

제주도 부산 울릉도

◆ 누구와 제주도에 갔나요?

이모 부모님 과장님

5. 동생이 10월에 춘천에서 결혼을 할 예정이다.

◆ 누가 결혼하나요?

언니 동생 오빠

◆ 결혼식은 언제인가요?

3월 8월 10월

◆ 어디서 결혼을 하나요?

춘천 문경 순천

6. 15층 아파트 옥상에서 유기농 상추를 키운다.

◆ 무엇을 키우나요?

깻잎 오이 상추

◆ 어디서 상추를 키우나요?

정원 옥상 식물원

◆ 아파트는 몇 층인가요?

7층 10층 15층

7. 진수는 어제 어머니랑 1970년대 전쟁영화를 보았다.

◆ 무엇을 보았나요?

전쟁영화	로맨스영화	공포영화

◆ 누구와 영화를 보았나요?

아내	어머니	동생

◆ 언제 영화를 보았나요?

지난주	어제	오늘

8. 진주는 저녁에 서면에서 이은결의 마술쇼를 봤다.

◆ 무엇을 봤나요?

영화	마술쇼	연극

◆ 어디서 봤나요?

서면	돌담길	동성로

◆ 누구의 마술쇼를 봤나요?

이지훈	남희석	이은결

9. 제주도의 흑돼지 돈가스는 방송에 나와 유명해졌다.

◆ 무엇이 유명해졌나요?

흑돼지 돈가스	흑돼지 김치찌개	밀감

◆ 왜 돈가스가 유명해졌나요?

소문이 나서	방송에 나와서	광고를 해서

◆ 어느 지역의 돈가스가 유명해졌나요?

경상도	충청도	제주도

10. 러시아로 향하는 야간열차에 누워 쪽잠을 잤다.

◆ 무엇을 탔나요?

심야버스 지하철 야간열차

◆ 야간열차에서 어떻게 했나요?

쪽잠을 잤다 밥을 먹었다 춤을 추었다

◆ 어디로 향하는 열차인가요?

인도 멕시코 러시아

11. 소화 불량으로 편의점에 가서 까스활명수를 샀다.

◆ 무엇을 샀나요?

까스활명수 여명 박카스

◆ 어디서 까스활명수를 샀나요?

자판기 편의점 제과점

◆ 왜 까스활명수를 샀나요?

갈증이 나서 소화 불량으로 허기가 져서

12. 요즘 친구와 매일 새벽 달리기를 한다.

◆ 무엇을 하나요?

공부 달리기 여행

◆ 누구와 달리기를 하나요?

동생 친구 누나

◆ 언제 달리기를 하나요?

새벽 저녁 밤

13. 집중호우 때문에 봄에 심은 깻잎이 시들었다.

◆ 무엇이 시들었나요?

깻잎 상추 배추

◆ 언제 깻잎을 심었나요?

가을 여름 봄

◆ 왜 깻잎이 시들었나요?

벌레가 먹어서 집중호우 때문에 강풍을 맞아서

14. 옆집의 뚱뚱한 강아지가 밤마다 뛰어다니며 짖는다.

◆ 누가 뛰어다니나요?

고양이 강아지 어린이

◆ 어디에 강아지가 사나요?

윗집 앞집 옆집

◆ 언제 강아지가 뛰어다니나요?

아침 낮 밤

15. 탁구장의 소음 때문에 주민들이 항의서를 썼다.

◆ 누가 항의서를 썼나요?

국민 주민 노인

◆ 왜 항의서를 썼나요?

소음 때문에 주차 때문에 누수 때문에

◆ 어디서 소음이 났나요?

야구장 테니스장 탁구장

16. 가족사진을 찍으려고 광안리의 한 스튜디오에 갔다.

◆ **어디에 갔나요?**

객실 호텔 스튜디오

◆ **스튜디오는 어디에 있나요?**

해운대 광안리 한강

◆ **왜 스튜디오에 갔나요?**

여행을 가려고 사진을 찍으려고 회의를 하려고

17. 신촌역 4번 출구에서 할아버지를 만나 놀랐다.

◆ **누구를 만났나요?**

할아버지 할머니 아버지

◆ **왜 놀랐나요?**

친구를 만나서 할아버지를 만나서 돈을 주워서

◆ **어디서 할아버지를 만났나요?**

춘천역 강변역 신촌역

18. 거실을 모두 뒤졌지만 에어컨 리모컨은 없었다.

◆ **무엇을 찾고 있나요?**

노트북 리모컨 휴대폰

◆ **어디를 뒤졌나요?**

침실 거실 부엌

◆ **리모컨은 어디에 있었나요?**

없었다 거실 안방

19. 못에 걸려서 청바지가 찢어졌지만 입고 나갔다.

◆ **무엇이 찢어졌나요?**

치마 청바지 양복

◆ **왜 청바지가 찢어졌나요?**

넘어져서 세탁기에 들려서 못에 걸려서

◆ **청바지가 찢어져서 어떻게 했나요?**

수선을 했다 그냥 나갔다 치마로 갈아입었다

20. 세제가 떨어져서 지영 씨는 손빨래를 한다.

◆ **무엇이 떨어졌나요?**

기름 세제 쌀

◆ **세제가 떨어져서 어떻게 하나요?**

손빨래를 한다 세탁소에 맡긴다 옷을 산다

◆ **누가 손빨래를 하나요?**

영미 씨 지영 씨 자은 씨

21. 계산이 틀려서 손님에게 거스름돈을 적게 주었다.

◆ **무엇을 적게 주었나요?**

거스름돈 영수증 음식

◆ **누구에게 거스름돈을 주었나요?**

외국인 손님 사장님

◆ **왜 거스름돈을 적게 주었나요?**

계산이 틀려서 깜빡해서 가격표를 잘못 봐서

22. 공기가 맑을 때 대관령에서는 쌍둥이자리가 보인다.

◆ **무엇이 보이나요?**

오리온자리 쌍둥이자리 국자자리

◆ **어디서 쌍둥이자리가 보이나요?**

설악산 평창 대관령

◆ **언제 쌍둥이자리가 보이나요?**

추울 때 여름에 맑을 때

23. 동현이는 한강에서 자전거도 타고 컵라면도 먹었다.

◆ **누가 자전거를 탔나요?**

동현 말 할아버지

◆ **어디서 자전거를 탔나요?**

한강 도로 운동장

◆ **무엇을 먹었나요?**

핫도그 컵라면 햄버거

24. 특급 요리사를 초빙해서 매운 닭갈비를 만들었다.

◆ **무엇을 만들었나요?**

설렁탕 닭갈비 탕수육

◆ **누구를 초빙했나요?**

부모님 요리사 할머니

◆ **닭갈비는 무슨 맛인가요?**

매운 맛 짭짤한 맛 싱거운 맛

25. 바이올린을 조율하러 종로에 있는 악기상가에 갔다.

◆ **어디에 갔나요?**

공연장　　악기상가　　음악실

◆ **무엇을 조율하러 갔나요?**

기타　　첼로　　바이올린

◆ **왜 악기상가에 갔나요?**

바이올린을 조율하러　　악기를 사러　　돈을 내러

26. 백발의 해녀가 수심 10미터에서 문어를 잡았다.

◆ **무엇을 잡았나요?**

전복　　광어　　문어

◆ **누가 문어를 잡았나요?**

해녀　　어부　　해양경찰

◆ **어디서 문어를 잡았나요?**

독도　　수심 10미터　　양식장

27. 주연이는 감기에 걸려서 아침마다 꿀차를 마신다.

◆ **무엇을 마시나요?**

커피　　꿀차　　홍차

◆ **언제 꿀차를 마시나요?**

밤　　아침　　새벽

◆ **왜 꿀차를 마시나요?**

맛있어서　　피부에 좋아서　　감기에 걸려서

28. 오후에 부천 현대백화점에 가서 화장품을 샀다.

◆ **어디에 갔나요?**

수선가게 마트 현대백화점

◆ **언제 갔나요?**

일요일 오후 저녁

◆ **무엇을 샀나요?**

화장품 목걸이 넥타이

29. 삼촌은 파리에 있는 피카소 미술관을 관람했다.

◆ **어디를 관람했나요?**

루브르 박물관 피카소 미술관 콘서트

◆ **누가 관람했나요?**

삼촌 피카소 대통령

◆ **피카소 미술관은 어디에 있나요?**

파리 부산 런던

30. 치약을 사려고 택시를 타고 마트에 간다.

◆ **어디에 가나요?**

마트 농협 편의점

◆ **왜 마트에 가나요?**

돈을 찾으려고 치약을 사려고 차를 고치려고

◆ **무엇을 타고 가나요?**

지하철 택시 차

31. 언니가 클래식 음악을 들으면서 수험서를 본다.

◆ **무엇을 보나요?**

수험서 교과서 사전

◆ **누가 수험서를 보나요?**

동생 언니 엄마

◆ **무엇을 듣나요?**

재즈음악 라디오 방송 클래식 음악

32. 1월부터 독감이 유행해서 공공장소에서 마스크를 낀다.

◆ **무엇이 유행하나요?**

소설 독감 음악

◆ **언제부터 독감이 유행했나요?**

어제 작년 1월

◆ **어디서 마스크를 끼나요?**

방 산 공공장소

33. 상훈이는 잃어버린 카드를 회사 휴게실에서 찾았다.

◆ **무엇을 잃어버렸나요?**

신발 돈 카드

◆ **누가 카드를 잃어버렸나요?**

부장님 상훈 지윤

◆ **어디서 카드를 찾았나요?**

은행 고객센터 휴게실

34. 인도에서 홍수로 120명의 사람들이 피해를 입었다.

◆ **어느 나라에서 피해를 입었나요?**

필리핀 인도 네팔

◆ **왜 피해를 입었나요?**

홍수 때문에 산사태 때문에 테러 때문에

◆ **몇 명이 피해를 입었나요?**

10명 50명 120명

35. 부모님 결혼기념일 선물로 매장에서 커플신발을 샀다.

◆ **무엇을 샀나요?**

커플목도리 커플신발 커플티

◆ **어디서 선물을 샀나요?**

매장 정육점 시장

◆ **왜 선물을 샀나요?**

예뻐서 할인해서 결혼기념일이라서

36. 공사로 월요일부터 금요일까지 도서관 이용이 제한된다.

◆ **어디를 이용할 수 없나요?**

우체국 행정복지센터 도서관

◆ **왜 이용할 수 없나요?**

휴관일이라서 공사를 해서 비가 새서

◆ **언제까지 도서관을 이용할 수 없나요?**

금요일 수요일 내일

37. 설거지를 하다가 유리잔을 깨뜨렸는데 손을 베었다.

◆ 무엇을 깨뜨렸나요?

화분	유리잔	거울

◆ 어디를 베었나요?

발바닥	어깨	손

◆ 무엇을 하다가 컵을 깨뜨렸나요?

청소	설거지	이사

38. 올해는 남편과 함께 발리로 여행을 간다.

◆ 누구와 여행을 가나요?

아들	남편	동생

◆ 어디로 여행을 가나요?

보라카이	우도	발리

◆ 언제 여행을 가나요?

올해	내년	주말

39. 남편이 이직해서 가을에 부산으로 이사를 간다.

◆ 어디로 이사를 가나요?

대전	서울	부산

◆ 언제 이사를 가나요?

봄	가을	이번 달

◆ 왜 이사를 가나요?

전학으로	이직을 해서	분양에 당첨돼서

40. 어제 영풍문고에서 산문집을 사려다가 잡지를 구매했다.

◆ **무엇을 구매했나요?**

잡지　　산문집　　소설집

◆ **어디서 구매했나요?**

홍익문고　　영풍문고　　동네서점

◆ **언제 구매했나요?**

어제　　오늘　　지난 주

41. 동생은 수학경시대회에서 두 번이나 대상을 받았다.

◆ **무슨 상을 받았나요?**

장려상　　우수상　　대상

◆ **누가 상을 받았나요?**

동생　　형　　친구

◆ **무슨 대회에서 상을 받았나요?**

논술대회　　수학경시대회　　과학경시대회

42. 오늘은 프랑스 남부를 둘러보고 해수욕도 했다.

◆ **어디를 둘러봤나요?**

프랑스 북부　　프랑스 남부　　프랑스 동부

◆ **프랑스 남부를 둘러보고 무엇을 했나요?**

해수욕　　쇼핑　　저녁 식사

◆ **언제 해수욕을 했나요?**

어제　　그저께　　오늘

43. 필리핀에 화산이 폭발하여 많은 지역주민이 다쳤다.

◆ **어느 나라에서 화산이 폭발했나요?**

인도네시아　　필리핀　　중국

◆ **누가 다쳤나요?**

지역주민들　　인도 사람들　　외국인들

◆ **왜 다쳤나요?**

교통사고로　　지진으로　　화산 폭발로

44. 지연이는 월급의 60퍼센트를 저축하고 나머지는 소비한다.

◆ **누가 저축하나요?**

지연　　민수　　소비

◆ **월급의 몇 퍼센트를 저축하나요?**

40퍼센트　　60퍼센트　　모두 소비한다

◆ **저축을 하고 나머지로 무엇을 하나요?**

소비한다　　저금한다　　쇼핑한다

45. 미국 동부는 여름마다 허리케인으로 피해가 크다.

◆ **어느 지역에 피해가 큰가요?**

미국 서부　　미국 동부　　미국 남부

◆ **왜 피해가 큰가요?**

허리케인으로　　지진으로　　총기사건으로

◆ **언제 허리케인으로 피해가 큰가요?**

봄　　가을　　여름

46. 상민이는 어제 늦잠을 자서 수업에 지각했다.

◆ 어디에 지각했나요?

데이트 수업 약속

◆ 누가 지각했나요?

대리님 지영 상민

◆ 왜 지각했나요?

늦잠을 자서 아파서 회사에 가기 싫어서

47. 일요일 아침에 이태원에 샌드위치를 먹으러 갔다.

◆ 어디에 갔나요?

이태원 명동 종로

◆ 언제 갔나요?

일요일 오후 일요일 아침 토요일 아침

◆ 무엇을 먹으러 갔나요?

샐러드 피자 샌드위치

48. 목감기에 걸려서 매일 따뜻한 모과차를 마신다.

◆ 무엇을 마시나요?

꿀차 모과차 한약

◆ 왜 모과차를 마시나요?

맛있어서 향이 좋아서 목감기에 걸려서

◆ 언제 모과차를 마시나요?

매일 점심 저녁

숫자가 포함된 문장 (계산)

1. 오렌지는 2,000원입니다.
오렌지 2개를 사면 모두 얼마인가요?

2. 공책은 700원입니다.
3,000원으로 몇 권의 공책을 살 수 있나요?

3. 바지는 5,000원이고, 티셔츠는 4,000원입니다.
바지와 티셔츠를 모두 사려면 얼마가 필요한가요?

4. 영화표는 8,000원입니다.
10,000원을 내면 얼마를 거슬러 받나요?

5. 김밥은 2,500원이고, 떡볶이는 5,500원입니다.
김밥과 떡볶이를 모두 주문하면 얼마인가요?

6. 감자는 100그램에 1,200원입니다.
감자 300그램을 사면 모두 얼마인가요?

7. 5,000원짜리 1장, 1,000원짜리 2장, 500원짜리 2개가 있습니다.
모두 얼마인가요?

8. 맥주는 2,500원입니다.
맥주 2캔을 사고 10,000원을 내면 얼마를 거슬러 받나요?

9. 신발은 42,000원입니다.
50,000원을 내면 얼마를 거슬러 받나요?

10. 전기세는 8,200원이 나왔고, 가스비는 20,000원이 나왔습니다.
모두 얼마를 내야 하나요?

11. 수빈이는 어머니께 10,000원, 아버지께 50,000원을 받았습니다.
수빈이는 모두 얼마를 받았나요?

12. 마트에서 14,000원짜리 수박과 8,000원짜리 멜론을 샀습니다.
30,000원을 내면 얼마를 거슬러 받나요?

13. 주머니에 500원짜리 3개, 1,000원짜리 2장이 있습니다.
모두 얼마인가요?

14. 사과는 800원, 대파는 1,500원, 두부도 1,500원입니다.
사과와 두부를 사면 모두 얼마인가요?

15. 바나나는 2,500원입니다.
바나나 3송이를 사면 모두 얼마인가요?

16. 잡지는 4,000원입니다.
5,000원을 내면 얼마를 거슬러 받나요?

17. 한우 300그램에 30,000원입니다.
100그램만 사면 얼마인가요?

18. 지갑에 10,000원이 있습니다.
군고구마를 6,000원치 사면 지갑에 얼마가 남나요?

19. 복사 1장에 300원입니다.
10장을 복사하면 모두 얼마인가요?

20. 배추는 4,000원이고, 양파는 1,500원입니다.
배추 2포기와 양파 1개를 사면 모두 얼마인가요?

21. 자전거 1시간 대여료가 4,500원입니다.
10,000원을 내면 얼마를 거슬러 받나요?

22. 병원비 40,000원과 약제비 25,000원을 내야 합니다.
모두 얼마인가요?

23. 주유비는 1리터에 2,000원이고, 세차비는 3,000원입니다.
주유를 3리터 하고 세차까지 하면 모두 얼마인가요?

24. 100만 원을 빌렸습니다.
이자가 10%이면 이자는 얼마인가요?

[쉬어가기] 낱말 퍼즐

낱말 퍼즐을 완성하세요.

보기

안경 모자 의자 시계 냉장고 장화

1	2			6
3				4
			5	

가로 퍼즐

1. 음식은 어디에 보관하나요?
3. 시간은 무엇으로 확인하나요?
5. 어디에 앉나요?

세로 퍼즐

2. 비가 올 때 무엇을 신나요?
4. 머리에 무엇을 쓰나요?
6. 시력이 나쁠 때 무엇을 끼나요?

제6장

연결어미가 포함된 문장 이해

1. 대등 연결어미가 포함된 복문
2. 이유 연결어미가 포함된 복문
3. 동시 연결어미가 포함된 복문
4. 조건 연결어미가 포함된 복문
5. 목적 연결어미가 포함된 복문
6. 2개 이상의 연결어미가 포함된 복문

[쉬어가기] 유행어

과제 실시 방법

연결어미

1. 문장을 들려주고 이어서 질문합니다.
2. 오반응 시 문장과 질문을 다시 들려줍니다.
3. 오반응 시 보기를 1회 또는 2회 들려줍니다.
4. 오반응 시 문장을 다시 들려주고 보기를 글자 자료로 제시합니다.

명령 이행

준비물: 휴지, 동전, 볼펜, 종이, 종이컵

1. 문장을 들려주고 동작으로 반응하도록 합니다.
2. 오반응 시 문장을 다시 들려줍니다.
3. 오반응 시 한 단계씩 나누어서 들려줍니다.
4. 3번에서 정반응 시 전체 문장을 다시 들려주고 수행하도록 합니다.

대등 연결어미가 포함된 복문

1. 동생은 콜라를 사고 영화관으로 향했다.

◆ 콜라를 사고 어떻게 했나요?

영화관으로 향했다 | 콜라를 마셨다 | 껌을 씹었다

2. 화장실에서 양치질을 하며 음악을 들었다.

◆ 양치질을 하면서 어떻게 했나요?

공부를 했다 | 음악을 들었다 | 거울을 봤다

3. 오빠는 휴가를 내고 고향으로 내려갔다.

◆ 고향으로 내려가기 전에 어떻게 했나요?

휴가를 냈다 | 선물을 샀다 | 표를 끊었다

4. 친구는 변비가 심했지만 저녁마다 계속 과식을 했다.

◆ 변비가 심했지만 어떻게 했나요?

밥을 먹지 않았다 | 과식을 했다 | 약을 먹었다

5. 부동산에서 아파트를 계약하고 계약금을 입금했다.

◆ 계약금을 입금하기 전에 어떻게 했나요?

서명을 했다 | 땅을 샀다 | 아파트를 계약했다

6. 언니가 시아버지를 모시고 시외버스를 탔다.

◆ **시아버지를 모시고 어떻게 했나요?**

기차를 탔다 | 시외버스를 탔다 | 사무실에 갔다

7. 사장님은 옷을 만들어서 판매도 한다.

◆ **옷을 만들어서 어떻게 하나요?**

판매한다 | 전시한다 | 기부한다

8. 시청으로 가는 교통수단은 많지만 나는 걸어갔다.

◆ **교통수단은 많지만 나는 어떻게 했나요?**

비행기를 탔다 | 택시를 탔다 | 걸어갔다

9. 아기가 밥을 흘리면서 먹는다.

◆ **아기가 어떻게 하면서 밥을 먹나요?**

놀면서 | 흘리면서 | 만화를 보면서

10. 소설가가 화상회의를 하면서 작품을 소개한다.

◆ **무엇을 하면서 작품을 소개하나요?**

화상회의 | 캠페인 | 통화

11. 언니는 숙제를 끝내고 드라마를 본다.

◆ **드라마를 보기 전에 어떻게 했나요?**

식사를 했다　　운동을 했다　　숙제를 끝냈다

12. 문구점에서 볼펜을 사고 집으로 갔다.

◆ **볼펜을 사고 어떻게 했나요?**

가방에 넣었다　　집으로 갔다　　친구에게 주었다

13. 할머니는 필리핀산 바나나를 사고 버스를 타러 갔다.

◆ **버스를 타러 가기 전에 어떻게 했나요?**

바나나를 샀다　　사탕을 먹었다　　낮잠을 잤다

14. 눈이 많이 내렸지만 날씨는 따뜻하다.

◆ **눈이 내렸지만 날씨는 어떤가요?**

따뜻하다　　춥다　　선선하다

15. 생선을 다듬고 냄비에 넣었다.

◆ **생선을 냄비에 넣기 전에 어떻게 했나요?**

구웠다　　끓였다　　다듬었다

16. 아침에 열이 났지만 헬스장에 갔다.

◆ **열이 났지만 어떻게 했나요?**

응급실에 갔다 헬스장에 갔다 휴게실에 갔다

17. 엄마는 빨래를 하고 형은 청소기를 돌린다.

◆ **엄마는 무엇을 하나요?**

청소 요리 빨래

18. 일요일에 쇼핑을 가거나 영화를 보려고 한다.

◆ **쇼핑을 안 하면 무엇을 볼 것인가요?**

드라마 영화 뉴스

19. 이모 선물로 양말을 샀고 삼촌 선물로 목도리를 샀다.

◆ **양말은 누구의 선물인가요?**

이모 할아버지 삼촌

20. 서울에는 비가 내리고 파주에는 눈이 내린다.

◆ **파주 날씨는 어떤가요?**

눈이 내린다 하늘이 맑다 우박이 온다

21. 휴지를 뽑고, 동전을 뒤집으세요.

22. 볼펜을 들고, 그 볼펜으로 종이컵을 가리키세요.

23. 종이를 접고, 휴지를 뽑으세요.

24. 저에게 동전을 주고, 볼펜을 드세요.

25. 볼펜을 들고, 휴지를 뽑으세요.

26. 종이를 반으로 접고, 종이컵을 뒤집으세요.

27. 저에게 볼펜을 주고, 종이를 반으로 접으세요.

28. 휴지를 반으로 접고, 볼펜을 가리키세요.

29. 동전을 뒤집고, 그 동전을 휴지 위에 올리세요.

30. 종이컵을 뒤집고, 동전을 뒤집으세요.

31. 동전을 뒤집고, 그 동전을 종이컵 안에 넣으세요.

32. 휴지를 뽑고, 그 휴지를 종이컵에 안에 넣으세요.

33. 종이를 뒤집고, 볼펜으로 동그라미를 그리세요.

34. 동전을 종이컵 안에 넣고, 볼펜을 저한테 주세요.

35. 종이를 반으로 접고, 그 종이를 저한테 주세요.

36. 동전을 종이 밑에 놓고, 그 종이를 뒤집으세요.

37. 종이컵을 뒤집고, 그 종이컵 위에 동전을 놓으세요.

38. 휴지를 뽑고, 그 휴지를 저한테 주세요.

39. 볼펜으로 동그라미를 그리고,
그 볼펜을 종이컵 안에 넣으세요.

40. 종이를 반으로 접고,
그 종이를 한 번 더 반으로 접으세요.

41. 볼펜을 들고, 그 볼펜을 종이컵 안에 넣은 다음,
그 종이컵을 저에게 주세요.

42. 종이를 반으로 접은 다음, 동전을 뒤집고,
그 동전을 저에게 주세요.

43. 휴지를 뽑고, 종이를 뒤집고, 종이컵을 굴리세요.

44. 동전을 뒤집은 다음, 종이를 그 동전 위에 올리고,
종이컵을 뒤집으세요.

45. 휴지를 반으로 접고, 그 휴지 위에 볼펜을 올린 후,
그 볼펜으로 숫자 1을 쓰세요.

46. 종이를 반으로 접고, 볼펜을 그 종이 위에 올리고,
동전은 종이 밑에 놓으세요.

47. 휴지를 뽑고, 그 휴지를 반으로 접은 다음,
동전을 휴지 위에 올리세요.

48. 종이컵을 뒤집고, 볼펜을 그 종이컵 옆에 놓은 후,
휴지를 뽑으세요.

49. 종이컵을 뒤집고, 그 종이컵 위에 동전을 놓은 다음,
그 동전을 저에게 주세요.

50. 종이를 반으로 접고, 뒤집은 다음,
그 종이 위에 동전을 놓으세요.

51. 휴지를 뽑은 다음, 그 휴지를 종이컵 안에 넣고,
그 종이컵을 뒤집으세요.

52. 종이를 반으로 접고, 다시 펼친 다음,
볼펜으로 동그라미를 그리세요.

53. 종이를 뒤집은 다음, 동전을 그 종이 밑에 놓고,
볼펜은 종이 위에 놓으세요.

54. 종이를 반으로 접고, 휴지를 뽑은 다음,
그 휴지를 종이컵 안에 넣으세요.

55. 동전을 뒤집고, 종이컵을 뒤집은 다음,
동전을 종이컵 위에 놓으세요.

56. 종이를 뒤집은 다음, 반으로 접고,
볼펜으로 숫자 1을 쓰세요.

57. 휴지를 반으로 접은 다음, 그 휴지를 종이컵 안에 넣고,
의자를 가리키세요.

58. 시계를 가리키고, 의자를 가리킨 다음,
볼펜으로 네모를 그리세요.

59. 종이를 뒤집은 다음, 볼펜으로 동그라미를 그리고,
그다음 숫자 1을 쓰세요.

60. 동전을 종이컵 안에 넣은 다음, 볼펜을 종이컵 안에 넣고,
다시 그 볼펜을 저에게 주세요.

이유 연결어미가 포함된 복문

1. 기름진 음식을 많이 먹으니까 뚱뚱해졌다.

◆ 왜 뚱뚱해졌나요?

운동을 해서　　잠을 자서　　기름진 음식을 먹어서

2. 여름방학이라서 해외여행을 갈 수 있다.

◆ 왜 해외여행을 갈 수 있나요?

휴가를 내서　　방학을 해서　　일을 안 해서

3. 전쟁이 끝나서 마침내 평화가 찾아왔다.

◆ 왜 평화가 찾아왔나요?

폭탄을 투하해서　　약속을 해서　　전쟁이 끝나서

4. 환기를 시키니까 상쾌한 기운이 감돈다.

◆ 왜 상쾌한 기운이 감도나요?

환기를 시켜서　　바람을 쐐서　　창문을 닫아서

5. 부작용이 생겨서 다시 병원을 방문했다.

◆ 왜 병원에 방문했나요?

쓰러져서　　부작용이 생겨서　　약이 떨어져서

6. 민수 씨는 매우 자상해서 인기가 많았다.

◆ 왜 민수 씨는 인기가 많았나요?

자상해서 부유해서 잘생겨서

7. 어려운 이웃을 도왔으므로 칭찬받아 마땅하다.

◆ 왜 칭찬을 받았나요?

동생을 돌봐서 쓰레기를 주워서 이웃을 도와서

8. 휴게소에 들렀기 때문에 졸지 않았다.

◆ 왜 졸지 않았나요?

잠을 충분히 자서 시끄러워서 휴게소에 들러서

9. 횡설수설해서 전혀 이해할 수가 없었다.

◆ 왜 이해할 수 없었나요?

횡설수설해서 영어로 말해서 발음이 이상해서

10. 합격소식을 전해서 마음이 한결 편해졌다.

◆ 왜 마음이 편해졌나요?

취직을 해서 합격소식을 전해서 음악을 들어서

11. 커피를 마셔서 새벽 2시가 돼서야 잠이 들었다.

◆ 왜 새벽 2시에 잠이 들었나요?

낮잠을 자서 전화를 하느라 커피를 마셔서

12. 도둑이 들어서 보안 카메라를 달았다.

◆ 왜 보안 카메라를 달았나요?

애완견을 돌보려고 도둑이 들어서 감시하려고

13. 오후에 비가 내린다고 해서 두꺼운 옷을 입었다.

◆ 왜 두꺼운 옷을 입었나요?

여름옷이 없어서 비가 내린다고 해서 아파서

14. 오랜만에 등산을 해서 다리가 아프다.

◆ 왜 다리가 아프나요?

넘어져서 근육통으로 등산을 해서

15. 피부가 건조해서 수분크림을 듬뿍 발랐다.

◆ 왜 수분크림을 발랐나요?

피부가 습해서 피부가 건조해서 점을 빼려고

16. 차례를 지켜서 아무도 다치지 않았다.

◆ **왜 아무도 다치지 않았나요?**

안전해서　　사람이 많아서　　차례를 지켜서

17. 휴대폰 액정이 깨져서 서비스센터에 갔다.

◆ **왜 서비스센터에 갔나요?**

배터리를 사러　　액정이 깨져서　　휴대폰을 사려고

18. 지갑을 잃어버려서 새 지갑을 샀다.

◆ **왜 새 지갑을 샀나요?**

친구 생일이라서　　지갑을 잃어버려서　　싫어해서

19. 눈에 염증이 생겨서 병원에 갔다.

◆ **왜 병원에 갔나요?**

머리가 아파서　　염증이 생겨서　　약을 사려고

20. 내일은 석가탄신일이라서 출근을 안 한다.

◆ **왜 출근을 안 하나요?**

입원을 해서　　휴가를 가서　　석가탄신일이라서

동시 연결어미가 포함된 복문

1. 어제 퇴근하면서 어머니와 영상통화를 했다.

◆ 퇴근하면서 무엇을 했나요?

촬영　　영상통화　　회의

2. 체육관에 가면서 편의점에 들러 물을 샀다.

◆ 어디에 가면서 편의점에 들렀나요?

주차장　　미용실　　체육관

3. 트로트 노래를 들으면서 달리기에 집중하였다.

◆ 어떻게 하면서 달리기를 했나요?

노래를 들으면서　　공을 차면서　　수다를 떨면서

4. 강아지 털을 깎으면서 목욕도 시켰다.

◆ 털을 깎으면서 무엇을 하였나요?

염색　　식사　　목욕

5. 야채볶음밥을 만들면서 한 숟가락 먹어 보았다.

◆ 야채볶음밥을 만들면서 무엇을 하였나요?

소금을 뿌렸다　　불을 껐다　　한 숟가락 먹었다

6. 집을 나서자마자 전화벨이 울려서 놀랐다.

◆ 집을 나서자마자 어떤 일이 있었나요?

친구를 만났다 전화벨이 울렸다 시계가 울렸다

7. 음료수를 마시면서 버스에 타면 안 된다.

◆ 음료수를 마시면서 무엇을 하면 안 되나요?

전화하는 것 버스를 타는 것 소리치는 것

8. 수영을 하다가 다리가 저려서 도움을 요청했다.

◆ 무엇을 하다가 도움을 요청했나요?

훌라후프 줄넘기 수영

9. 회의를 하다가 팀장님이 갑자기 밖으로 나갔다.

◆ 무엇을 하다가 밖으로 나갔나요?

회의 운전 서명

10. 샐러드를 만들면서 뉴스를 듣는다.

◆ 무엇을 하면서 뉴스를 듣나요?

설거지를 하면서 샐러드를 만들면서 운동하면서

11. 버스를 타려고 하다가 택시를 탔다.

◆ 무엇을 탔나요?

버스 지하철 택시

12. 바람이 불다가 갑자기 눈이 내리기 시작했다.

◆ 눈이 내리기 전에 날씨가 어땠나요?

바람이 불었다 비가 내렸다 더웠다

13. 형은 댄스 음악을 들으면서 설거지를 한다.

◆ 설거지를 하면서 무엇을 듣나요?

강의 음악 라디오 방송

14. 공부를 하다가 사이다를 마셨다.

◆ 공부를 하다가 무엇을 마셨나요?

콜라 포도주스 사이다

15. 여동생이 드라마를 보면서 요가를 한다.

◆ 드라마를 보면서 무엇을 하나요?

청소 요가 과제

16. 행정복지센터에 가다가 약국에서 타이레놀을 샀다.

◆ 어디에 가다가 약국에 들렀나요?

사무실　　행정복지센터　　관리사무소

17. 연주가 무리를 하다가 결국 아침에 쓰러졌다.

◆ 연주는 무리하다가 어떻게 됐나요?

쓰러졌다　　링거를 맞았다　　체온을 측정했다

18. 산책로를 따라 조깅하면서 노래를 흥얼거렸다.

◆ 조깅하면서 어떻게 하였나요?

사탕을 먹었다　　노래를 흥얼거렸다　　고함을 쳤다

19. 에버랜드에 가려고 하다가 서울대공원으로 갔다.

◆ 어디로 갔나요?

에버랜드　　디즈니랜드　　서울대공원

20. 넷플릭스를 보면서 문자를 보낸다.

◆ 넷플릭스를 보면서 무엇을 하나요?

과자를 먹는다　　문자를 보낸다　　안경을 벗는다

조건 연결어미가 포함된 복문

1. 수업을 세 번 이상 빠지면 재수강해야 한다.

◆ **수업을 빠지면 어떻게 해야 하나요?**

재수강해야 한다　　사유서를 낸다　　메일을 보낸다

2. 교육을 들으려면 사전에 신청서를 제출해야 한다.

◆ **무엇을 하려면 신청서를 내야 하나요?**

여행가기　　교육 듣기　　공연 보기

3. 척추질환을 예방하려면 복근의 힘을 키워야 한다.

◆ **척추질환을 예방하려면 어떻게 해야 하나요?**

한약을 먹는다　　휴식한다　　복근의 힘을 키운다

4. 헬스장 할인 혜택을 받으려면 이번 주까지 등록해야 한다.

◆ **할인 혜택을 받으려면 어떻게 해야 하나요?**

이번 주까지 등록한다　　소개한다　　장기 이용한다

5. 성과금을 받으려면 실적을 충족해야 한다.

◆ **성과금을 받으려면 어떻게 해야 하나요?**

진급한다　　광고한다　　실적을 충족해야 한다

6. 바리스타 자격증을 취득하면 카페에서 근무할 수 있다.

◆ **어떻게 하면 카페에서 근무할 수 있나요?**

경력을 쌓는다　　자격증을 취득한다　　면접을 본다

7. 체코에 가려면 독일을 경유해야 한다.

◆ **체코에 가려면 어떻게 해야 하나요?**

독일을 경유한다　　직항을 탄다　　영국을 경유한다

8. 감기를 예방하려면 손 위생이 중요하다.

◆ **감기를 예방하려면 무엇이 중요한가요?**

손 위생　　공부　　운동

9. 휴가를 가려면 부서장의 승인이 필요하다.

◆ **무엇을 가려면 부서장의 승인이 필요한가요?**

퇴근　　휴가　　회의

10. 인테리어를 바꾸려면 임대인의 허락이 필요하다.

◆ **무엇을 바꾸려면 임대인의 허락이 필요한가요?**

계약서　　인테리어　　주차

11. 주변을 살펴야 교통사고를 피할 수 있다.

◆ **주변을 살피면 무엇을 피할 수 있나요?**

교통사고　　　소매치기　　　벌레

12. 초콜릿을 다량 섭취하면 숙면에 방해가 된다.

◆ **무엇을 다량 섭취하면 숙면에 방해가 되나요?**

소금　　　밀가루　　　초콜릿

13. 치실을 사용하면 충치 예방에 도움이 된다.

◆ **무엇을 사용하면 충치를 예방할 수 있나요?**

치실　　　빨대　　　물

14. 취직을 해야 적금을 들 수 있다.

◆ **취직을 하면 무엇을 할 수 있나요?**

용돈　　　투자　　　적금

15. 승마를 하면 바른 자세를 만들 수 있다.

◆ **무엇을 하면 바른 자세를 만들 수 있나요?**

달리기　　　승마　　　농구

16. 모니터 받침대를 사용하면 목 디스크를 예방할 수 있다.

◆ **모니터 받침대를 사용하면 무엇을 예방할 수 있나요?**

목 디스크　　중이염　　척추 디스크

17. 용돈을 받으려면 매일 방 청소를 해야 한다.

◆ **용돈을 받으려면 무엇을 해야 하나요?**

공부　　육아　　방 청소

18. 미국 영주권을 취득하려면 정부의 허가가 필요하다.

◆ **무엇을 취득하려면 정부의 허가가 필요하나요?**

영주권　　투표권　　비자

19. 마라톤에서 우승하려면 폐 기능을 향상시켜야 한다.

◆ **마라톤에서 우승하려면 무엇을 향상시켜야 하나요?**

복근의 힘　　폐 기능　　발목의 힘

20. 근무 중에 아프면 직원 건강증진센터를 이용할 수 있다.

◆ **근무 중에 아프면 무엇을 이용할 수 있나요?**

휴게실　　직원 식당　　직원 건강증진센터

목적 연결어미가 포함된 복문

1. 허기를 채우려고 물을 2리터나 마셨다.

◆ 허기를 채우려고 어떻게 했나요?

빵을 먹었다　　물을 마셨다　　밥을 먹었다

2. 고득점을 받고자 밤을 새워 공부하였다.

◆ 고득점을 받으려고 어떻게 했나요?

밤새 공부했다　　커닝했다　　새벽에 일어났다

3. 화분을 사려고 꽃집에 갔다.

◆ 왜 꽃집에 갔나요?

꽃다발을 사려고　　꽃이 시들어서　　화분을 사려고

4. 스트레스를 해소하려고 노래방에 갔다.

◆ 왜 노래방에 갔나요?

춤추려고　　스트레스를 해소하려고　　모임이 있어서

5. 고관절 퇴행을 예방하고자 스트레칭을 한다.

◆ 고관절 퇴행을 예방하고자 무엇을 하나요?

달리기　　마사지　　스트레칭

6. 매운탕을 끓이려고 수산시장에서 생선을 샀다.

◆ 왜 생선을 샀나요?

구이를 하려고 매운탕을 끓이려고 제사에 쓰려고

7. 경제 회복을 위해 정부에서 노력하고 있다.

◆ 무엇을 위해 정부에서 노력하고 있나요?

경제 회복 청년 취업 국민 건강

8. 불법이민자의 입국을 막으려고 국경에 장벽을 세웠다.

◆ 불법이민자의 입국을 막으려고 어떻게 했나요?

군인을 배치했다 법을 바꿨다 장벽을 세웠다

9. 고속충전을 하고자 비싼 충전기를 구매했다.

◆ 왜 비싼 충전기를 구매했나요?

다시 팔려고 고속충전을 하려고 선물하려고

10. 산후우울증을 극복하려고 정신건강의학과에 내원하였다.

◆ 무엇을 극복하려고 정신건강의학과에 갔나요?

알코올중독 집단따돌림 산후우울증

11. 새로운 경험을 쌓으려고 호주에 취업했다.

◆ **왜 호주에 취업했나요?**

돈을 벌려고　　영어를 배우러　　새로운 경험을 쌓으려고

12. 식탁을 사려고 아현동 가구단지에 갔다.

◆ **왜 가구단지에 갔나요?**

소파를 사려고　　식탁을 사려고　　가구가 많아서

13. 환승을 하려고 교통카드를 챙겼다.

◆ **왜 교통카드를 챙겼나요?**

환승을 하려고　　카드를 바꾸려고　　버스를 타려고

14. 책을 반납하려고 도서관에 갔다.

◆ **왜 도서관에 갔나요?**

책을 빌리려고　　책을 반납하려고　　공부하려고

15. 동생을 만나려고 지하철역으로 가고 있다.

◆ **동생을 만나려고 어디로 갔나요?**

지하철역　　신한은행　　부동산

16. 시상식에 늦지 않으려고 택시를 탔다.

◆ **왜 택시를 탔나요?**

비가 내려서　　편리해서　　시상식에 늦지 않으려고

17. 내일은 집에서 쉬려고 휴가를 냈다.

◆ **왜 휴가를 냈나요?**

집에서 쉬려고　　임신을 해서　　파스를 붙이려고

18. 자세를 교정하려고 도수치료를 받는다.

◆ **자세를 교정하려고 무엇을 받나요?**

발 마사지　　도수치료　　안마

19. 후원금을 내려고 아동보호기관에 연락했다.

◆ **왜 아동보호기관에 연락했나요?**

아이를 입양하려고　　후원금을 내려고　　옷을 기부하려고

20. 대기업에 합격하기 위해 면접을 준비했다.

◆ **왜 면접을 준비했나요?**

미팅을 위해　　건강을 위해　　대기업에 합격하기 위해

연결어미가 2개 이상 포함된 복문

1. 봄이 오니 새싹이 돋고 동물도 깨어났다.

◆ 왜 동물이 깨어났나요?

수의사가 깨워서 　　 여름이 와서 　　 봄이 와서

2. 남한산성에 가려면 마을버스를 타면 된다.

◆ 남한산성에 가려면 어떻게 해야 되나요?

마을버스를 탄다 　　 걸어서 간다 　　 자전거를 탄다

3. 비가 세차게 내리지만 걷고 싶어서 집을 나섰다.

◆ 왜 집을 나섰나요?

출근하려고 　　 쇼핑하려고 　　 걷고 싶어서

4. 불면증 때문에 운동도 하고 상담도 받는다.

◆ 왜 상담을 받나요?

우울증 때문에 　　 불면증 때문에 　　 탈모 때문에

5. 김장을 하느라 허리가 아팠지만 가족들 생각에 즐거웠다.

◆ 무엇을 하느라 허리가 아팠나요?

운전 　　 김장 　　 팔굽혀 펴기

6. 선인장을 사러 동네 꽃집에 가려다 꽃시장으로 갔다.

◆ 선인장을 사러 어디에 갔나요?

꽃시장　　동네 꽃집　　화훼농가

7. 건강검진을 하려면 음식을 먹거나 운동을 하면 안 된다.

◆ 왜 음식을 먹으면 안 되나요?

배탈 때문에　　건강검진 때문에　　당뇨 때문에

8. 모기가 물어서 피부가 부었기 때문에 수영을 할 수 없다.

◆ 왜 수영을 못하나요?

피부가 부어서　　피부가 타서　　팔을 다쳐서

9. 매일 건강주스를 만들려고 홈쇼핑에서 착즙기를 주문했다.

◆ 왜 착즙기를 주문했나요?

건강주스를 만들려고　　선물하려고　　가격이 싸서

10. 장거리 운전을 해서 허리가 쑤시고 눈이 침침하다.

◆ 왜 눈이 침침한가요?

건조해서　　눈을 비벼서　　장거리 운전을 해서

11. 체력을 키우려고 보약도 먹고 등산 모임에도 나간다.

◆ 왜 등산 모임에 나가나요?

살을 빼려고 체력을 키우려고 시설이 좋아서

12. 영화를 보려고 롯데시네마에 가려다가 메가박스로 갔다.

◆ 영화를 보려고 어디로 갔나요?

롯데시네마 대한극장 메가박스

13. 소화가 안 돼서 소화제를 먹고 누웠다.

◆ 소화제를 먹고 어떻게 했나요?

누웠다 걸었다 씻었다

14. 낮에 전화가 왔는데 게임을 하느라 받지 못했다.

◆ 왜 전화를 못 받았나요?

일하느라 아기를 돌보느라 게임을 하느라

15. 공부를 하다가 약속시간이 돼서 외출 준비를 했다.

◆ 무엇을 하다가 외출 준비를 했나요?

일 공부 청소

16. 날씨가 쌀쌀해서 감기에 걸릴까 봐 외출을 자제하고 있다.

◆ **날씨가 쌀쌀해서 어떻게 하나요?**

옷을 산다　　감기약을 먹는다　　외출을 자제한다

17. 결승전에서 이겼기 때문에 연금도 받고 상금도 받았다.

◆ **왜 상금을 받았나요?**

결승전에서 이겨서　　시민을 구해서　　상금이 많아서

18. 하늘은 파랗지만 마음이 울적해서 가만히 있고 싶었다.

◆ **왜 가만히 있고 싶었나요?**

할 일이 없어서　　시간이 많아서　　울적해서

19. 이번 모임은 인원 제한이 있으므로 참여를 원하면 사전 등록을 해야 한다.

◆ **왜 사전 등록을 해야 하나요?**

휴가라서　　인원 제한이 있어서　　장소 대관을 위해

20. 주차를 하려고 경비실에 연락했지만 부재중이었다.

◆ **주차를 하려고 어떻게 했나요?**

돈을 냈다　　주차장으로 들어갔다　　경비실에 연락했다

[쉬어가기] 유행어

요즘에는 이런 단어를 자주 써요!

보기

나는 꾸안꾸를 선호한다. 내돈내산인 남색 원피스는 나의 최애다. 인생짤을 찍어서 인스타그램에 올렸다.

1. 꾸안꾸: '꾸민 듯 안 꾸민 듯'을 줄인 말로 자연스러운 패션 또는 메이크업을 의미하며, 자신을 과하게 꾸미지 않고 있는 그대로 내보이며 그러한 모습에 자신감을 가지는 것을 뜻한다.

2. 내돈내산: '내 돈을 주고 내가 산 물건'을 줄인 말로 유명인들이 본인의 돈으로 직접 구입한 제품에 대한 후기를 올릴 때 자주 사용하는 말이다. 비용을 받고 광고를 하는 것이 아님을 강조할 때 일반적으로 사용한다.

3. 최애: '최고로 애정한다'를 줄인 말로 가장 좋아하는, 가장 사랑하는 등의 의미를 담아 사용한다.

4. 인생짤: '인생' 단어와 인터넷상에서 사진이나 그림 따위를 가리키는 단어인 '짤'이 합쳐진 단어이다. 매우 잘 찍힌 사진으로 평소에 찍는 사진보다 유난히 마음에 들게 나온 사진을 의미한다.

5. 인스타그램: 'instagram'이라는 사진, 동영상 등을 공유할 수 있는 소셜미디어 플랫폼이며 사람들이 공유한 게시물을 보고 댓글을 남기고 '좋아요'를 누를 수 있다.

제7장

담화 이해

1. 이야기 이해
2. 설명문 이해
3. 기사문 이해

[쉬어가기] 낱말 퍼즐

과제 실시 방법

1. 전체 문장을 들려주고 이어서 질문합니다.

2. 오반응 시 전체 문장을 다시 들려줍니다.

3. 오반응 시 보기를 1회 또는 2회 들려줍니다.

4. 오반응 시 정답과 관련된 문장을 들려줍니다.

5. 오반응 시 문장을 다시 들려주고 보기를 글자 자료로 제시합니다.

2문장으로 구성된 이야기

1. 영희는 어젯밤부터 비가 오기를 기다렸다. 가뭄으로 농작물이 말랐기 때문이다.

- 영희는 눈이 오기를 기다렸나요?

  예 아니요

- 가뭄으로 농작물이 말랐나요?

  예 아니요

2. 형제는 6 · 25 전쟁 때 미군과 함께 싸웠다. 지금도 그때의 상황이 생생하다고 한다.

- 형제는 6 · 25 전쟁에 나갔나요?

  예 아니요

- 형제는 미군과 함께 싸웠나요?

  예 아니요

3. 아버지와 도산공원에서 자전거를 탔다. 봄의 향기가 느껴졌다.

- 어머니와 도산공원에 갔나요?

  예 아니요

- 도산공원에서 자전거를 탔나요?

  예 아니요

4. 제혁이와 준호는 친구 사이다. 제혁이와 준호는 고등학생 때 처음 만났다.

- 제혁이와 준호는 형제인가요?

  예 아니요

- 제혁이와 준호는 고등학생 때 처음 만났나요?

  예 아니요

5. 나는 아침마다 요거트를 먹는다. 요거트는 소화기 건강에 도움이 되기 때문이다.

◆ 나는 아침마다 커피를 마시나요?

예 아니요

◆ 요거트는 소화기 건강에 도움이 되나요?

예 아니요

6. 고속버스를 타고 포항으로 출발했다. 호미곶에 갈 예정이다.

◆ 기차를 타고 포항으로 출발했나요?

예 아니요

◆ 호미곶에 갈 예정인가요?

예 아니요

7. 제과점에서 단팥빵을 샀다. 제과점에서 나오는 길에 담임 선생님과 마주쳤다.

◆ 제과점에서 단팥빵을 샀나요?

예 아니요

◆ 제과점에서 나오는 길에 친구를 마주쳤나요?

예 아니요

8. 스티브는 미국에서 태어나고 자랐다. 하지만 성인이 되고 한국으로 이민을 왔다.

◆ 스티브는 일본에서 태어났나요?

예 아니요

◆ 스티브는 성인이 되고 한국으로 이민을 왔나요?

예 아니요

9. 친구의 딸이 다음 달에 시집을 간다. 그래서 선물로 줄 커피잔을 샀다.

- 친구의 딸은 이번 달에 시집을 가나요?

예 아니요

- 선물로 액자를 준비했나요?

예 아니요

10. 가방을 메고 학교로 출발했다. 가방에 책을 다섯 권이나 넣었더니 무거웠다.

- 가방을 메고 회사로 출발했나요?

예 아니요

- 봉투에 책을 넣었나요?

예 아니요

11. 주말에 남편과 지리산에 갔다. 알록달록 물든 단풍나무가 예뻤다.

- 시어머니와 지리산에 갔나요?

예 아니요

- 주말에 지리산에 갔나요?

예 아니요

12. 이틀 전부터 미세먼지가 심했다. 그래서 목이 자주 잠긴다.

- 이틀 전부터 미세먼지가 심했나요?

예 아니요

- 머리가 자주 아픈가요?

예 아니요

13. 일요일에 할아버지 댁에 갔다. 할아버지 생신이었기 때문이다.

◆ **어디에 갔나요?**

친구 집　　할아버지 댁　　외할머니 댁

◆ **언제 갔나요?**

월요일　　토요일　　일요일

14. 나는 어제 〈미션 임파서블〉 영화를 봤다. 오빠는 오늘 〈미션 임파서블〉 영화를 볼 거라고 했다.

◆ **나는 어제 무엇을 봤나요?**

신문　　영화　　다큐멘터리

◆ **무슨 영화를 봤나요?**

어벤져스　　미션 임파서블　　킹스맨

15. 어젯밤에 폭우가 내렸다. 그래서 비행기가 연착되었다.

◆ **어젯밤에 날씨가 어땠나요?**

더웠다　　폭우가 내렸다　　우박이 내렸다

◆ **무엇이 연착되었나요?**

기차　　고속버스　　비행기

16. 남편은 내일 부산으로 출장을 간다. 남편은 해운대 인근 숙소에서 묵기로 했다.

◆ **언제 출장을 가나요?**

오늘　　내일　　일주일 뒤

◆ **어디에 묵기로 했나요?**

광안리　　해운대　　울산

17. 홍콩으로 가족여행을 떠난다. 인천공항에서 아시아나항공을 타고 간다.

◆ 어느 나라로 여행을 가나요?

일본 홍콩 미국

◆ 무슨 항공을 이용하나요?

대한항공 델타항공 아시아나항공

18. 호주에 큰 산불이 났다. 산불로 많은 코알라가 목숨을 잃었다.

◆ 어느 나라에 산불이 났나요?

한국 뉴질랜드 호주

◆ 누가 목숨을 잃었나요?

코알라 다람쥐 캥거루

19. 캐나다로 출장을 간다. 그래서 우리은행에서 달러로 환전했다.

◆ 어느 나라로 출장을 가나요?

미국 홍콩 캐나다

◆ 어디서 환전했나요?

기업은행 우리은행 국민은행

20. 현대백화점에서 수박을 샀다. 할인해서 2만 원에 샀다.

◆ 무엇을 샀나요?

당근 토마토 수박

◆ 얼마에 샀나요?

5천 원 2만 원 3만 원

3문장으로 구성된 이야기

1. 어머니는 국수를 맛있게 끓이신다. 그 비결은 육수에 있다. 멸치와 함께 건새우를 넣고 끓이면 시원한 맛이 난다고 한다.

◆ **어머니는 된장찌개를 맛있게 끓이시나요?**

예 아니요

◆ **맛의 비결은 육수에 있나요?**

예 아니요

◆ **멸치와 함께 표고버섯을 넣고 끓이나요?**

예 아니요

2. 지수는 복지관에 봉사활동을 간다. 복지관에서 어르신들에게 한글을 가르친다. 봉사활동을 하면서 국어 선생님의 꿈을 키웠다.

◆ **지수는 보육원에서 봉사활동을 하나요?**

예 아니요

◆ **지수는 수학을 가르치나요?**

예 아니요

◆ **지수의 꿈은 선생님인가요?**

예 아니요

3. 영수는 한국대학교 최고의 야구선수이다. 두산에서 영수에게 입단 제의를 했다. 하지만 영수는 넥센으로 가고 싶었다.

◆ **영수는 축구선수인가요?**

예 아니요

◆ **삼성에서 영수에게 입단 제의를 했나요?**

예 아니요

◆ **영수는 넥센에 입단하고 싶어하나요?**

예 아니요

4. 오늘은 한일전 축구경기가 있는 날이다. 맥주를 마시며 축구경기를 시청했다. 그때 박지성이 골을 넣었다.

- 오늘은 축구경기가 있는 날인가요?

  예 아니요

- 맥주를 마시며 축구경기를 시청했나요?

  예 아니요

- 이동국이 골을 넣었나요?

  예 아니요

5. 내일은 삼청동으로 이사를 간다. 정들었던 집 안을 둘러보았다. 어릴 적 추억들이 주마등처럼 지나갔다.

- 오늘 이사를 가나요?

  예 아니요

- 삼청동으로 이사를 가나요?

  예 아니요

- 뒤뜰을 둘러보았나요?

  예 아니요

6. 비를 뚫고 파주시로 향했다. 그런데 갑자기 큰 소리가 났다. 깜짝 놀라서 비상등을 켜지 못한 채로 차를 세웠다.

- 날씨는 맑은가요?

  예 아니요

- 파주시로 향했나요?

  예 아니요

- 비상등을 켜고 차를 세웠나요?

  예 아니요

7. 지수가 은행에 전화를 했다. 급하게 3000만 원 대출이 필요했기 때문이다. 은행에서 도장을 가지고 방문하라고 하였다.

◆ 지수는 학교에 전화를 했나요?

예 아니요

◆ 지수는 대출을 받을 예정인가요?

예 아니요

◆ 은행에서 통장을 가지고 방문하라고 했나요?

예 아니요

8. 프라이팬을 닦았더니 수세미가 까매졌다. 그래서 편의점에 가서 수세미를 샀다. 새것으로 다시 프라이팬을 닦았다.

◆ 싱크대를 닦았나요?

예 아니요

◆ 손가락이 까매졌나요?

예 아니요

◆ 편의점에서 수세미를 샀나요?

예 아니요

9. 양수리 커피 전문점으로 향했다. 헤이즐넛 커피 향이 좋았다. 커피를 마시며 소설책을 읽었다.

◆ 양수리 커피 전문점에 갔나요?

예 아니요

◆ 밀크티를 마셨나요?

예 아니요

◆ 만화책을 읽었나요?

예 아니요

10. 내년에 은평구로 이사를 가려고 한다. 오늘 부동산에 가서 집을 보기로 했다. 그런데 약속이 취소됐다.

- 내년에 마포구로 이사를 가나요?

예 아니요

- 오늘 백화점에 가기로 했나요?

예 아니요

- 약속이 취소됐나요?

예 아니요

11. 옆집에서 불이 났다. 그래서 119가 화재진압을 했다. 두 시간 만에 겨우 불길이 잡혔다.

- 우리집에 불이 났나요?

예 아니요

- 119가 화재진압을 했나요?

예 아니요

- 두 시간만에 불길이 잡혔나요?

예 아니요

12. 주연이는 토요일마다 승마장에 간다. 지난달부터 승마를 배우기 시작했다. 그래서 허벅지 근육이 튼튼해졌다.

- 혜경이가 승마를 배우나요?

예 아니요

- 일요일마다 승마장에 가나요?

예 아니요

- 주연이는 도예를 배우나요?

예 아니요

13. 서울숲에서 음악회가 열렸다. 300여 명의 사람들이 음악회를 관람했다. 날씨는 선선했다.

◆ **무엇이 열렸나요?**

한강　　서울숲　　음악회

◆ **몇 명의 사람들이 음악회를 관람했나요?**

100여 명　　200여 명　　300여 명

◆ **날씨는 어땠나요?**

추웠다　　더웠다　　선선했다

14. 지영이는 아쿠아리움 관람을 좋아한다. 가장 좋아하는 물고기는 흰동가리이다. 아버지와 아쿠아리움에 자주 간다.

◆ **지영이는 어디에 가는 것을 좋아하나요?**

바다　　여행　　아쿠아리움

◆ **지영이는 무슨 물고기를 가장 좋아하나요?**

흰동가리　　상어　　수달

◆ **누구와 자주 가나요?**

조카　　오빠　　아버지

15. 저녁에 불고기를 먹었다. 그런데 새벽이 되자 점점 배가 아파졌다. 그래서 택시를 타고 응급실로 갔다.

◆ **무엇을 먹었나요?**

불고기　　초밥　　수제비

◆ **어디에 갔나요?**

약국　　응급실　　롯데리아

◆ **무엇을 타고 갔나요?**

택시　　지하철　　오토바이

16. 영수는 새벽마다 수영장에 간다. 오늘 수영장에서 친구를 만났다. 친구는 수영을 하고 회사에 간다고 했다.

◆ 영수는 언제 수영장에 가나요?

새벽　　　저녁　　　주말

◆ 오늘 수영장에서 무슨 일이 있었나요?

친구를 만났다　　　수업에 늦었다　　　물에 빠졌다

◆ 친구는 수영을 하고 어디에 가나요?

집　　　회사　　　수영장

17. 겨울 음식하면 팥죽이 생각난다. 어릴 때 동짓날이 되면 할머니께서 팥죽을 끓이셨다. 그때의 맛이 아직도 생생하다.

◆ 겨울 음식하면 무엇이 생각나나요?

팥빙수　　　달고나　　　팥죽

◆ 누가 팥죽을 끓였나요?

어머니　　　숙모　　　할머니

◆ 언제 팥죽을 끓였나요?

생일　　　단오　　　동짓날

18. 새벽에 정동진으로 출발했다. 청량리역에서 새마을호 기차를 탔다. 정동진에 도착해서 칼국수를 먹었다.

◆ 어디로 출발했나요?

포항　　　새벽　　　정동진

◆ 무슨 역에서 기차를 탔나요?

서울역　　　청량리역　　　구포역

◆ 정동진에서 무엇을 먹었나요?

칼국수　　　수육　　　회

19. 인도네시아 곳곳에서 정전이 일어났다. 발전소의 가스터빈이 멈췄기 때문이다. 그래서 3,000만 명 이상이 불편을 겪고 있다.

◆ **어느 나라에서 일어난 일인가요?**

인도 필리핀 인도네시아

◆ **왜 정전이 일어났나요?**

발전소 폭발로 가스터빈이 멈춰서 신호등 고장으로

◆ **얼마나 많은 사람이 불편을 겪고 있나요?**

300명 이상 1,000명 이상 3,000만 명 이상

20. 미영이는 중국어를 배우기 위해 베이징으로 갔다. 베이징은 서울만큼이나 복잡했다. 그리고 미세먼지가 자욱했다.

◆ **어느 도시로 갔나요?**

베이징 상하이 홍콩

◆ **왜 베이징으로 갔나요?**

중국어를 배우기 위해 친구를 만나기 위해 취업을 위해

◆ **무엇이 자욱했나요?**

안개 이산화탄소 미세먼지

4문장으로 구성된 이야기

1. 4월에 접어들자 날씨가 따뜻해졌다. 그래서 벚꽃축제로 유명한 진해에 가기로 했다. 아무래도 자동차를 이용하면 도로가 막힐 것 같아서 기차를 탔다. 진해에 도착하니 이미 많은 사람이 벚꽃축제를 즐기고 있었다.

- 무슨 계절인가요?

겨울　　여름　　봄

- 어느 도시에 가기로 했나요?

남해　　진해　　울산

- 진해는 무엇으로 유명한가요?

벚꽃축제　　전통문화　　예술

- 무엇을 타고 갔나요?

자동차　　고속버스　　기차

2. 밤부터 고열과 헛구역질 증상이 있었다. 해열제를 먹었지만 열은 잡히지 않았다. 아버지를 깨워 세브란스병원 응급실로 향했다. 다행히 큰 이상은 없었지만, 열이 떨어지지 않아서 입원을 하였다.

- 나는 왜 병원에 갔나요?

아버지가 편찮으셔서　　병문안을 위해　　고열이 나서

- 어느 병원에 갔나요?

성모병원　　세브란스병원　　아산병원

- 누구와 병원에 갔나요?

남자친구　　아버지　　여동생

- 열이 떨어지지 않아서 어떻게 하였나요?

약을 먹었다　　입원을 하였다　　수술을 받았다

3. 다음 주에 여의도에서 마라톤 대회가 열린다. 일 년 동안 준비해 온 경기여서 긴장이 됐다. 마라톤 대회를 위해 매일 운동장에서 달리기 훈련을 했다. 운동 후에는 항상 따뜻한 물로 샤워를 하며 몸을 풀어 주었다.

◆ 다음 주에 무엇이 열리나요?

댄스 대회 마라톤 대회 요리 대회

◆ 마라톤 대회는 어디서 열리나요?

여의도 여주 인천

◆ 마라톤 대회를 위해 무엇을 했나요?

휴식 영양 보충 달리기 훈련

◆ 운동을 하고 무엇을 하였나요?

스트레칭 샤워 식사

4. 나와 남편은 유재석이 출연하는 예능 프로그램을 보고 있었다. 유재석이 비빔면 빨리 먹기 게임을 하고 있는 장면이 나왔다. 우리도 갑자기 비빔면이 먹고 싶어졌다. 나는 냄비에 물을 받아 가스레인지에 올렸다.

◆ 무엇을 봤나요?

영화 예능 프로그램 광고

◆ 누구와 예능 프로그램을 보았나요?

혼자 남편 친구

◆ 누가 등장했나요?

강호동 박나래 유재석

◆ 무엇을 먹고 싶었나요?

탕수육 비빔면 쫄면

5. 일본에 있는 동생에게 택배를 보내려고 우체국에 갔다. 그런데 우체국 문이 닫혀 있었다. 휴대폰을 보니 오늘은 광복절이었다. 어쩔 수 없이 내일 다시 방문하기로 했다.

◆ 어디에 갔나요?

경찰서 소방서 우체국

◆ 왜 우체국에 갔나요?

예금통장을 만들려고 택배를 보내려고 등기를 보내려고

◆ 오늘은 무슨 날인가요?

광복절 한글날 식목일

◆ 언제 다시 방문하기로 했나요?

다음 주 이틀 뒤 내일

6. 수빈 씨는 초등학교에서 영어 선생님으로 근무하고 있다. 5년 동안 쉬지 않고 교사로 일해 왔다. 내년에는 자녀들을 돌보기 위해 육아휴직을 계획하고 있다. 일 년 정도 쉬면서 아이들과 추억을 쌓을 생각이다.

◆ 수빈 씨의 직업은 무엇인가요?

개발자 경찰관 교사

◆ 무슨 과목을 가르치나요?

영어 수학 과학

◆ 무엇을 계획하고 있나요?

어학연수 육아휴직 체험학습

◆ 얼마나 쉴 계획인가요?

한 달 반년 일 년

7. 숲속에 이름이 알려지지 않은 성이 있었다. 옛날에 유명 화가가 살았다고 전해지는 곳이다. 하지만 그 화가를 본 사람은 아무도 없었다. 그런데 이틀 전에 백발의 노인이 숲속의 성으로 들어갔다고 한다.

◆ **숲속에 무엇이 있었나요?**

동굴 성 절

◆ **성에 누가 살았나요?**

성악가 화가 감독

◆ **누가 성으로 들어갔나요?**

어린이 노인 아저씨

◆ **노인이 언제 성으로 들어갔나요?**

지난 주 이틀 전 지난 해

8. 며칠 전부터 허리가 쑤시고 밤에 잠을 설쳤다. 그래서 오늘 퇴근하고 분당에 위치한 통증의학과에 갔다. 엑스레이 촬영을 하였는데 심각한 문제는 아니었다. 병원에서 전기치료를 받고 링거도 맞았다.

◆ **왜 병원에 갔나요?**

허리가 아파서 머리가 아파서 발가락을 다쳐서

◆ **무슨 과에 갔나요?**

정형외과 재활의학과 통증의학과

◆ **병원은 어디에 있나요?**

분당 일산 양주

◆ **병원에서 어떤 치료를 받았나요?**

운동치료 작업치료 전기치료

9. 지난주에 한강에서 자전거를 탔다. 자전거를 타고 가는데 갑자기 꼬마가 끼어들었다. 나는 깜짝 놀라서 얼른 자전거의 방향을 틀었다. 방향을 틀다가 소나무에 부딪혀 자전거가 찌그러졌다.

◆ **나는 어디서 자전거를 탔나요?**

금강 한강 흑천

◆ **왜 방향을 틀었나요?**

길이 좁아서 차가 와서 꼬마가 끼어들어서

◆ **어디에 부딪혔나요?**

벤치 사람 소나무

◆ **자전거가 어떻게 되었나요?**

바퀴가 빠졌다 페달이 빠졌다 찌그러졌다

10. 요즘 은선이는 농촌으로 직접 전화를 걸어 채소를 주문한다. 신선한 채소를 저렴한 가격에 살 수 있어 자주 애용하는 편이다. 같은 아파트 단지에 사는 이웃에게도 추천하였다. 이를 알게 된 구청 직원이 은선이에게 연락을 했다.

◆ **무엇을 주문하나요?**

과일 생선 채소

◆ **어떻게 채소를 주문하나요?**

전화를 걸어서 인터넷을 통해서 홈쇼핑으로

◆ **누구에게 추천했나요?**

남편 이웃 친척

◆ **누가 은선이에게 연락했나요?**

농부 판매 직원 구청 직원

11. 벌써 수영을 시작한 지 일 년이 지났다. 일주일에 세 번씩 수영을 한 덕택에 폐활량이 늘어났다. 처음엔 수영장이 멀어서 고생스러웠지만 지금은 전혀 문제가 없다. 수영장에서 운영하는 셔틀버스가 생겼기 때문이다.

◆ 수영을 한 지 얼마나 되었나요?

1년　　2년　　3년

◆ 일주일에 몇 번씩 하나요?

두 번　　세 번　　매일

◆ 수영장에 갈 때 무엇을 타고 가나요?

지하철　　택시　　셔틀버스

◆ 수영을 시작하고 무엇이 늘었나요?

폐활량　　근육　　체중

12. 지수 씨는 얼마 전부터 계속 기침이 나서 내과에 갔다. 의사는 꽃가루 때문에 기관지가 약해져서 기침이 나는 것이라고 했다. 의사의 처방대로 외출할 때는 항상 마스크를 썼다. 그리고 집으로 돌아오면 가글을 하고, 손과 발을 깨끗이 씻었다.

◆ 지수 씨는 어디에 갔나요?

이비인후과　　내과　　한의원

◆ 왜 병원에 갔나요?

열이 나서　　두통 때문에　　기침이 나서

◆ 무엇 때문에 기침이 났나요?

미세먼지 때문에　　폐렴에 걸려서　　꽃가루 때문에

◆ 외출할 때 무엇을 쓰고 다녔나요?

모자　　마스크　　양산

13. 프랑스 출신 테오는 2주 전에 한국에 입국했다. 한국 IT 기업에 취업을 해서 다음 달부터 일을 시작할 예정이기 때문이다. 테오는 압구정에서 테라스가 있는 빌라를 임차했다. 월세가 90만 원에 육박해서 돈을 열심히 벌어야겠다고 생각했다.

◆ **테오는 어느 나라 출신인가요?**

이탈리아 프랑스 독일

◆ **언제 입국했나요?**

지난 달 2주 전 1년 전

◆ **어느 동에서 빌라를 임차했나요?**

대치동 프랑스 압구정

◆ **왜 돈을 열심히 벌어야겠다고 생각했나요?**

빚을 갚기 위해서 적금을 붓기 위해서 월세가 높아서

14. 우리 집 옆집에서는 강아지를 키운다. 옆집 강아지는 오늘도 복도를 지나가는 나를 보고 짖었다. 처음에는 강아지가 짖는 소리가 시끄러웠는데 지금은 귀엽기만 하다. 그래서 부모님께 우리도 강아지를 키우자고 졸랐다.

◆ **무엇에 대한 이야기인가요?**

강아지 고양이 고슴도치

◆ **강아지는 어디에 사나요?**

우리집 옆집 아래층

◆ **강아지는 나를 보면 어떻게 하나요?**

꼬리를 흔든다 짖는다 달려온다

◆ **누구에게 강아지를 키우자고 졸랐나요?**

남동생 부모님 할아버지

15. 민아 씨는 어제 발리로 여행을 갔다. 어제는 날씨가 흐린 탓에 종일 숙소에만 있었는데, 오늘은 날씨가 화창했다. 그래서 남편과 함께 서핑을 배우기로 하고 해변으로 나갔다. 그런데 해변에 도착하니 갑자기 비가 쏟아져 급히 근처 식당으로 들어갔다.

◆ 어디로 여행을 갔나요?

북경 괌 발리

◆ 왜 어제는 숙소에만 있었나요?

시차 적응 문제로 요리를 배우느라 날씨가 흐려서

◆ 무엇을 배우기로 했나요?

요가 인도네시아어 서핑

◆ 비가 쏟아져 어디로 들어갔나요?

숙소 식당 요트

16. 우리 할머니는 노인복지관에서 스마트폰 사용 방법을 배우고 계신다. 얼마 전부터는 인터넷으로 동영상 시청도 하시고, 최근에는 가족들에게 이메일도 보내신다. 덕분에 할머니와 자주 연락을 주고받을 수 있게 되었다. 할머니는 카메라 사용법도 배워서 가족들 사진을 예쁘게 찍어 주고 싶다고 하신다.

◆ 할머니는 무엇을 배우나요?

컴퓨터 사용 방법 한글 스마트폰 사용 방법

◆ 어디서 스마트폰 사용 방법을 배우나요?

인터넷 강의 노인복지관 대학교

◆ 왜 할머니와 자주 연락을 주고받을 수 있게 되었나요?

이메일을 사용해서 전화를 자주 해서 이사를 가서

◆ 할머니는 카메라 사용 방법을 배워서 무엇을 하고 싶다고 하셨나요?

휴대폰 구입 가족들 사진 찍기 카메라 대여

17. 우리 가족은 작년 여름에 지리산으로 피서를 갔다. 올해는 바닷가에 가기로 하고 우리나라에서 가장 아름다운 바다가 있는 남해안으로 갔다. 버스를 타고 남해안으로 가니, 푸른 바다와 시원한 바람이 그동안의 스트레스를 말끔히 씻어 주었다. 내년에도 남해안으로 와야겠다는 생각이 들었다.

- 우리 가족은 작년에 어디로 피서를 갔나요?

지리산　　동해안　　남해안

- 올해는 어디로 피서를 갔나요?

서해안　　지리산　　남해안

- 무엇을 타고 갔나요?

자가용　　버스　　기차

- 내년에는 어디로 피서를 갈 계획인가요?

지리산　　동해안　　남해안

18. 며칠 전부터 몸이 으슬으슬 춥더니 오늘은 열이 나기 시작했다. 열이 38도까지 올라 해열제를 사러 약국에 갔다. 집에서 가장 가까운 약국에 가서 해열제를 샀다. 약사는 일교차가 커서 감기에 걸릴 수 있으니 조심하라는 당부를 했다.

- 나는 어떤 증상이 있었나요?

기침　　두통　　고열

- 열이 몇 도까지 올랐나요?

37.5도　　38도　　39도

- 약국에 가서 무엇을 샀나요?

기침약　　두통약　　해열제

- 왜 감기에 걸리기 쉬운가요?

전염병이 돌고 있어서　　일교차가 커서　　날씨가 추워서

19. 필리핀 세부로 여행을 가는 날이다. 세부 공항에 내려 공항 택시를 타고 레저스포츠를 즐길 수 있는 막탄섬으로 갔다. 간단한 장비만으로 수중관광을 즐길 수 있는 스노클링을 했다. 오리발, 스노클, 물안경을 끼고 물속으로 들어가니 형형색색의 물고기들이 보였다.

◆ 나는 어느 지역으로 여행을 갔나요?

세부 마닐라 몰디브

◆ 공항에서 무엇을 타고 막탄섬으로 갔나요?

공항 버스 공항 택시 공항 철도

◆ 무슨 레저스포츠를 즐겼나요?

스노클링 다이빙 수상스키

◆ 물속에서 무엇을 봤나요?

보물선 형형색색의 물고기 잠수함

20. 명기 씨는 점심 때 먹을 김치전을 만들기 시작했다. 양파를 썰다가 손을 베여서 피가 났다. 옆에서 국을 끓이던 아내는 깜짝 놀라 급히 반창고를 가져왔다. 결국 점심 식사는 배달을 시켜 해결하기로 했다.

◆ 무슨 요리를 하고 있었나요?

라면 김치전 칼국수

◆ 무슨 일이 있었나요?

손을 베였다 정전이 됐다 불이 났다

◆ 아내는 무엇을 하고 있었나요?

신문을 읽고 있었다 국을 끓이고 있었다 운동을 했다

◆ 점심 식사는 어떻게 해결하기로 했나요?

외식을 한다 배달을 시킨다 요리를 한다

5문장으로 구성된 이야기

1. 운전을 해서 가구를 사러 쇼핑몰에 갔다. 영화를 볼 때 쓰려고 1인용 소파를 집중적으로 보았다. 허리를 잘 받쳐 줄 수 있는 소파가 마음에 들었다. 가격도 적정한 편이었다. 무료 배송이 가능해서 구매를 결심했다. (88음절)

◆ 나는 어디에 갔나요?

쇼핑몰 음식점 전통시장

◆ 쇼핑몰에 무엇을 사러 갔나요?

탁자 침대 소파

◆ 왜 소파를 구매하나요?

책을 보려고 영화를 보려고 잠을 자려고

◆ 왜 소파가 마음에 들었나요?

등이 편해서 목을 받쳐 줘서 허리를 받쳐 줘서

◆ 왜 구매를 결심했나요?

가격이 비싸서 사은품을 줘서 무료 배송이 가능해서

2. 우리 아버지는 경찰관이다. 아버지는 강력반에서 30년 동안 경찰로 근무하셨다. 곧 퇴직을 앞두고 계신다. 아버지는 노후에 어머니와 크루즈 여행을 다닐 계획이다. 아버지는 이탈리아 여행이 가장 기대된다고 하신다. (92음절)

◆ 아버지의 직업은 무엇인가요?

경찰관　　소방관　　교수

◆ 몇 년 동안 근무를 했나요?

10년　　20년　　30년

◆ 어느 부서에서 근무했나요?

마약반　　강력반　　교통반

◆ 노후에 무엇을 할 계획인가요?

사업　　강의　　여행

◆ 아버지는 어느 나라의 여행이 기대된다고 하나요?

이탈리아　　대한민국　　브라질

3. 오늘은 정기 건강검진이 있는 날이다. 아침 일찍 택시를 타고 성모병원으로 향했다. 병원 입구에 내려 본관 2층 건강검진센터를 찾아갔다. 접수를 끝내고 순서를 기다렸다. 그런데 어제 저녁부터 금식을 해서인지 허기가 졌다. (94음절)

◆ 오늘은 무엇을 하는 날인가요?

채용검진　　건강검진　　의료봉사

◆ 어느 병원에서 건강검진을 받나요?

성모병원　　차병원　　충남대학교병원

◆ 건강검진센터는 몇 층에 있나요?

지하 1층　　1층　　2층

◆ 건강검진센터에서 가장 먼저 무엇을 했나요?

발열체크　　접수　　혈압검사

◆ 왜 허기가 졌나요?

금식을 해서　　운동을 많이 해서　　다이어트식을 먹어서

4. 오늘은 장윤정 콘서트를 관람하러 가는 날이다. 오랫동안 기다려 온 공연이어서 설레는 기분이다. 저녁 여섯 시 공연이라서 친구와 미리 저녁을 먹기로 했다. 삼성역에서 친구를 만나 햄버거를 먹었다. 저녁을 먹고 서둘러 공연장으로 갔다. (99음절)

◆ 무슨 공연을 보기로 했나요?

이승철 콘서트 장윤정 콘서트 오페라의 유령 뮤지컬

◆ 몇 시 공연인가요?

저녁 6시 저녁 8시 오전 11시

◆ 어디서 친구를 만났나요?

신촌역 옥수역 삼성역

◆ 나는 친구와 무엇을 먹었나요?

핫도그 파스타 햄버거

◆ 저녁을 먹고 어떻게 했나요?

공연장으로 갔다 후식을 먹었다 택시를 탔다

5. 우리 동네에는 일곱 살의 꼬마 슈퍼맨이 있다. 그 꼬마는 아침마다 마당에서 줄넘기를 한다. 그리고 슈퍼맨 옷을 입고 나와 동네를 뛰어다닌다. 동네 사람들은 꼬마가 매일 운동하는 것에 궁금증을 가졌다. 꼬마에게 물었지만 꼬마는 답하지 않았다. (102음절)

◆ 누구에 대한 이야기인가요?

꼬마 학생 어른

◆ 꼬마는 몇 살인가요?

세 살 다섯 살 일곱 살

◆ 꼬마의 별명은 무엇인가요?

호빵맨 베트맨 슈퍼맨

◆ 꼬마는 언제 줄넘기를 하나요?

아침 점심 저녁

◆ 꼬마는 왜 운동을 하나요?

건강해지려고 부모님이 시켜서 이유를 모른다

6. 나는 성격이 급해서 걸음걸이도 빠른 편이다. 날씨가 추워진 탓에 나의 걸음걸이는 평소보다 더 빨라졌다. 그런데 며칠 전, 갑자기 발목이 쑤시는 기분이 들었다. 밤에는 무릎까지 통증이 느껴졌다. 심상치 않음을 느끼고 급히 정형외과를 예약했다. (103음절)

◆ 누구에 대한 이야기인가요?

나 형수 언니

◆ 나의 걸음걸이는 어떤가요?

느리다 빠르다 때에 따라 다르다

◆ 날씨는 어떤가요?

춥다 따뜻하다 화창하다

◆ 밤에 어느 부위에서 통증을 느꼈나요?

손목 무릎 발목

◆ 어디를 예약했나요?

재활의학과 정형외과 신경외과

7. 요즘 다양한 맥주에 빠져 있다. 매주 편의점에서 맥주를 네 캔씩 사 온다. 샤워 후 맥주를 마시면 하루 동안의 스트레스가 말끔히 씻겨 내려가는 기분이다. 그런데 매일 맥주를 마시다 보니 뱃살이 나오기 시작했다. 다음 주부터는 운동을 더 열심히 해야겠다. (105음절)

◆ 나는 무엇에 빠져 있나요?

여행 맥주 막걸리

◆ 어디에서 맥주를 사나요?

편의점 인터넷 대형마트

◆ 매주 맥주를 몇 캔씩 사나요?

한 캔 세 캔 네 캔

◆ 언제 맥주를 먹나요?

운동 후에 샤워 후에 노래 후에

◆ 맥주를 마시고 어떻게 되었나요?

뱃살이 나왔다 피부가 나빠졌다 다리가 굵어졌다

8. 우리 가족은 조부모님을 포함해 아홉 명의 대가족이다. 오늘은 가족과 변산반도 리조트로 여행을 가는 날이다. 대형 승합차를 빌려서 여정을 떠났다. 가족이 모두 승합차에 타니 시끌벅적했지만 즐거웠다. 세 시간을 달린 끝에 마침내 변산반도에 도착했다. (106음절)

◆ 무엇에 대한 이야기인가요?

한국전쟁 박물관 견학 가족여행

◆ 가족은 모두 몇 명인가요?

9명 12명 15명

◆ 어디로 여행을 갔나요?

태안반도 여수반도 변산반도

◆ 무엇을 타고 이동했나요?

승용차 승합차 관광버스

◆ 가족과 어디에서 묵나요?

민박 리조트 호텔

9. 오늘은 동창들과 북한산에 가기로 한 날이다. 그런데 아침에 일어나니 비가 세차게 내렸다. 그래서 북한산은 다음 주에 가기로 하고 호캉스를 즐기기로 했다. 호캉스는 호텔에서 즐기는 바캉스이다. 비싸지만 멀리 가지 않더라도 휴가 기분을 낼 수 있어서 편리하다. (109음절)

◆ 어디에 가기로 했었나요?

한라산　　북한산　　산악회 모임

◆ 누구와 북한산에 가기로 했나요?

부모님　　동창들　　자녀들

◆ 왜 일정을 변경했나요?

아파서　　비가 내려서　　산사태로

◆ 북한산에 가는 대신 무엇을 했나요?

호캉스　　피크닉　　집에서 쉬기로 했다

◆ 북한산은 언제 가기로 했나요?

내일　　다음 주　　일정을 완전히 취소하기로 했다

10. 지난 4월에 남편과 석촌호수에 벚꽃놀이를 다녀왔다. 우리나라에서는 매년 4월이 되면 전국적으로 벚꽃놀이가 시작된다. 그래서인지 발 디딜 틈 없이 사람들이 많았다. 프리마켓에서 벚꽃 사진이 그려진 엽서도 샀다. 그리고 벚꽃나무를 배경으로 사진도 찍었다. (110음절)

◆ 지난 4월 어디에 갔나요?

여의도 석촌호수 일산 호수공원

◆ 누구와 함께 갔나요?

남편 동생 형부

◆ 매년 언제 벚꽃놀이가 시작되나요?

3월 4월 5월

◆ 프리마켓에서 무엇을 샀나요?

노트 손수건 엽서

◆ 무엇을 배경으로 사진을 찍었나요?

벚꽃나무 석촌호수 튤립 꽃

11. 소라 씨는 대학교를 졸업하고 뉴질랜드로 어학연수를 갔다. 한국에서 미리 어학원도 등록하였고, 일 년 동안 살 집도 구하였다. 소라 씨는 평일에는 어학원에 다니고 주말에는 여행을 다닌다. 드넓은 자연에서 쉬는 게 가장 좋았다. 어학연수를 마치면 직업도 구해 볼 생각이다. (114음절)

◆ 어느 나라로 어학연수를 갔나요?

호주 뉴질랜드 미국

◆ 누가 어학연수를 갔나요?

소라 씨 지연 씨 혜련 씨

◆ 주말에는 무엇을 하나요?

공부 봉사 여행

◆ 무엇이 가장 좋았나요?

음식 문화 자연

◆ 어학연수를 마치면 어떻게 할 생각인가요?

귀국한다 직업을 구한다 호주로 간다

12. 재호 씨는 과거로 시간여행을 할 수 있다. 재호 씨는 문득 아이들의 어린 시절 모습이 그리워져서 10년 전으로 시간여행을 가기로 했다. 10년 전의 아이들의 모습을 보니 무척 반가웠다. 10년 전에 키웠던 고양이도 만날 수 있었다. 재호 씨는 고양이가 좋아하던 간식을 주었다. (115음절)

◆ 재호 씨는 무엇을 할 수 있나요?

세계여행 시간여행 투자

◆ 몇 년 전으로 시간여행을 갔나요?

1년 전 5년 전 10년 전

◆ 왜 10년 전으로 시간여행을 갔나요?

아내가 그리워서 아이들의 어린 시절 모습이 그리워서 심심해서

◆ 10년 전에 무슨 동물을 키웠나요?

고양이 개 햄스터

◆ 고양이에게 무엇을 주었나요?

장난감 방석 간식

13. 지은 씨는 프리랜서로 일하고 있다. 평일에는 아이들을 돌보고, 주말에는 부동산 중개인으로 일한다. 이번 주말에는 휴가를 내고 아이들과 함께 테마파크에 갈 계획이다. 공룡 전시회가 열린다고 하여 아이들이 무척 기대를 하고 있다. 아이들을 위해 샌드위치도 만들 생각이다. (115음절)

◆ 지은 씨는 평일에 주로 무엇을 하나요?

일　　육아　　공부

◆ 지은 씨 직업은 무엇인가요?

교사　　부동산 중개인　　전업 주부

◆ 이번 주말에 어디에 갈 계획인가요?

바다　　테마파크　　영화관

◆ 테마파크에서 무슨 전시회가 열리나요?

공룡 전시회　　미술 전시회　　가구 전시회

◆ 아이들을 위해 무엇을 만들 생각인가요?

샌드위치　　김밥　　샐러드

14. 승호 씨는 내일 기획사에 오디션을 보러 간다. 승호 씨의 꿈은 어렸을 때부터 가수였다. 가수의 꿈을 이루기 위해서 3년간 보컬학원에 다니면서 가창 실력을 쌓았다. 오디션 때 최상의 컨디션을 만들기 위해 일주일 전부터 꿀차를 만들어 마셨다. 그리고 목소리 사용을 최대한 자제했다. (117음절)

◆ 승호 씨의 꿈은 무엇인가요?

배우 작가 가수

◆ 언제 오디션을 보러 가나요?

오늘 내일 일주일 후

◆ 보컬 실력을 쌓기 위해 어디에 다녔나요?

기획사 보컬학원 댄스학원

◆ 얼마 동안 보컬학원에 다녔나요?

1년 2년 3년

◆ 최상의 컨디션을 유지하기 위해 무엇을 마셨나요?

한약 양배추즙 꿀차

15. 돼지농장을 운영하는 삼촌댁에서 방학을 보내기로 했다. 어머니는 취업 준비를 하는 것이 어떠냐고 하셨지만, 나는 쉬고 싶었다. 한 달 동안 지낼 준비를 한 후, 버스를 타고 시골로 내려갔다. 시골로 들어서자마자 비료 냄새가 코를 찔렀다. 저 멀리 손을 흔들고 계시는 작은어머니를 보니 무척 반가웠다. (125음절)

- 나는 어디에 갔나요?

학원 시골 회사

- 누가 시골에 사나요?

삼촌 고모 할머니

- 삼촌은 무엇을 운영하나요?

버섯농장 염소농장 돼지농장

- 어머니는 무엇을 권하였나요?

입시 준비 취업 준비 결혼 준비

- 누구를 보고 반가웠나요?

작은어머니 할아버지 큰아버지

16. 지영이네 가족은 지난주에 양평으로 캠핑을 갔다. 캠핑장에서 지영이는 나무에서 떨어진 벌집을 발견했다. 지영이가 벌집을 집어 드는 순간 벌 한 마리가 지영이를 쏘았다. 지영이네 가족은 급히 인근 병원으로 갔고, 다행히 위험한 상황은 아니었다. 병원에서 처치를 받고 다시 캠핑장으로 돌아와 캠핑을 즐겼다. (129음절)

◆ 지영이네 가족은 무엇을 하러 갔나요?

온천 캠핑 해외여행

◆ 언제 캠핑을 갔나요?

오늘 지난주 이틀 전

◆ 캠핑장에서 무엇을 발견했나요?

벌집 다람쥐 청설모

◆ 벌집을 집어 들자 무슨 일이 생겼나요?

벌이 쏘았다 꿀이 떨어졌다 나비가 모여들었다

◆ 병원에서 처치 후 무엇을 했나요?

집으로 돌아갔다 입원했다 캠핑을 즐겼다

17. 외할아버지는 요양병원에 입원해 계신다. 외할머니가 돌아가신 후에 외할아버지의 병세는 더욱 악화되었다. 아버지는 외할아버지를 위해 매일 저녁 기도를 하신다. 어머니는 보양식을 준비하셨고, 나와 동생은 외할아버지께 불러 드릴 노래를 연습했다. 외할아버지께서 얼른 쾌차하셔서 함께 등산을 가고 싶다. (130음절)

◆ 누가 요양병원에 있나요?

외할아버지　　할머니　　증조할아버지

◆ 외할아버지의 병세가 왜 악화되었나요?

폐렴 때문에　　외할머니가 돌아가셔서　　배탈이 나서

◆ 누가 매일 저녁 기도를 하나요?

나　　아버지　　이모

◆ 어머니는 무엇을 준비하였나요?

전복죽　　김밥　　보양식

◆ 나는 외할아버지와 무엇을 하고 싶나요?

노래　　여행　　등산

18. 호주 출신 제시카는 서울에 살면서 한국어를 배우고 있다. 일 년 동안 어학당에 다니면서 한국어를 배웠고, 지금은 한국어 실력이 상당히 뛰어나다. 요즘은 스타벅스에서 바리스타로 일을 하고 있다. 호주에서 온 사람들이 한국에 잘 정착할 수 있도록 돕는 일도 하고 있다. 내년에는 서울 소재의 대학에 입학할 예정이다. (131음절)

◆ 제시카는 어느 나라 출신인가요?

미국　　호주　　뉴질랜드

◆ 어디에서 한국어를 배웠나요?

대학교　　호주　　어학당

◆ 어학당에 얼마나 다녔나요?

반년　　1년　　2년

◆ 어디서 근무하고 있나요?

스타벅스　　어학당　　상담센터

◆ 언제 대학에 입학할 예정인가요?

올해　　내년　　귀국 후

19. 재석 씨는 '놀면 뭐 하니?' 촬영을 위해 새벽 5시에 기상했다. 아내가 지어 준 아침 식사를 마치고 매니저가 도착하기를 기다렸다. 그런데 잠시 후 매니저에게 연락이 와서는 접촉 사고가 났다는 소식을 전했다. 재석 씨는 어쩔 수 없이 택시를 타고 방송국으로 향했다. 다행히 방송 촬영 시간인 7시까지 도착할 수 있었다. (132음절)

◆ 재석 씨는 몇 시에 기상했나요?

새벽 5시　　새벽 6시　　오후 5시

◆ 오늘 무슨 촬영이 있는 날인가요?

무한도전　　놀면 뭐 하니　　해피투게더

◆ 누가 아침을 지어 주었나요?

매니저　　아들　　아내

◆ 재석 씨는 무엇을 타고 방송국에 갔나요?

자가용　　택시　　지하철

◆ 왜 택시를 탔나요?

매니저가 아파서　　늦잠을 자서　　매니저가 접촉 사고가 나서

20. 주연 씨는 미국에서 여름휴가를 보내려고 작년에 항공권을 미리 예매했다. 미국에 거주하고 있는 동생의 아파트에 머물기로 해서 숙박은 예약하지 않았다. 7월의 미국은 매우 덥고 습하지만, 해수욕을 즐기기에 좋다고 했다. 주연 씨는 올랜도에 있는 디즈니월드에도 방문할 계획이다. 오늘 휴가를 내고 나니 떠나는 것이 실감났다. (137음절)

◆ 어느 나라에서 여름휴가를 보낼 계획인가요?

캐나다 말레이시아 미국

◆ 언제 항공권을 예매했나요?

작년 어제 오늘

◆ 어디서 숙박하기로 했나요?

호텔 한인 민박 동생의 아파트

◆ 언제 미국에 가나요?

3월 7월 11월

◆ 미국에 가면 어디에 방문할 계획인가요?

디즈니월드 백악관 그랜드캐니언

2문장으로 구성된 설명문

1. 독도는 동해에 있는 섬이다. 독도는 두 개의 섬으로 이루어져 있다.

◆ 독도는 동해에 있는 섬인가요?

예 아니요

◆ 독도는 세 개의 섬으로 이루어져 있나요?

예 아니요

2. 벚꽃은 4월에 핀다. 벚꽃의 꽃말은 순결이다.

◆ 벚꽃에 대한 설명인가요?

예 아니요

◆ 벚꽃의 꽃말은 사랑인가요?

예 아니요

3. 스파게티는 가느다란 원통형의 모양이다. 스파게티는 대표적인 이탈리아 요리이다.

◆ 스파게티는 네모난 모양인가요?

예 아니요

◆ 스파게티는 이탈리아 요리인가요?

예 아니요

4. 삼풍백화점은 1995년에 붕괴되었다. 당시 무리한 증축이 붕괴의 원인이었다.

◆ 삼풍백화점은 2000년에 붕괴되었나요?

예 아니요

◆ 삼풍백화점의 붕괴 원인은 무리한 증축이었나요?

예 아니요

5. 실크 블라우스는 단독 세탁이 필요하다. 세탁 설정을 반드시 드라이클리닝으로 해야 한다.

- **실크 블라우스는 단독 세탁이 필요한가요?**

  예 아니요

- **세탁 설정을 급속으로 해야 하나요?**

  예 아니요

6. 안동은 경상북도에 위치한 도시이다. 사과는 안동의 유명한 특산품이다.

- **안동은 경기도에 있나요?**

  예 아니요

- **안동의 특산품은 사과인가요?**

  예 아니요

7. 모나리자는 초상화 그림이다. 현재 프랑스의 박물관에 전시되어 있다.

- **모나리자는 초상화인가요?**

  예 아니요

- **그림은 프랑스의 미술관에 전시되어 있나요?**

  예 아니요

8. 사자는 고양잇과 동물이다. 고양잇과 중에서 두 번째로 크다.

- **사자는 고양잇과 동물인가요?**

  예 아니요

- **사자는 고양잇과 중에서 가장 큰가요?**

  예 아니요

9. 식초는 세탁에 효과적이다. 식초는 찌든 때도 쉽게 지울 수 있다.

- 식초는 세수에 효과적인가요?

예 아니요

- 식초는 찌든 때를 지우는데 적합한가요?

예 아니요

10. 한글은 소리를 본떠 만든 글자이다. 조선시대에는 언문이라고 불리었다.

- 한글은 영어를 본떠 만들었나요?

예 아니요

- 고려시대에 언문이라고 불리었나요?

예 아니요

11. 부활절은 예수 그리스도의 부활을 기념하는 날이다. 생명의 탄생을 의미하는 달걀을 서로 교환한다.

- 부활절에 대한 설명인가요?

예 아니요

- 부활절에 십자가를 교환하나요?

예 아니요

12. 녹차는 중국에서 처음으로 생산하였다. 녹차는 어린잎을 사용하여 제조한다.

- 녹차는 대만에서 처음으로 생산하였나요?

예 아니요

- 녹차는 어린잎을 사용하여 제조하나요?

예 아니요

13. 고려는 왕건이 세운 나라이다. 고려는 474년간 한반도를 지배했다.

◆ 누가 고려를 세웠나요?

왕건　　광개토대왕　　이성계

◆ 몇 년간 한반도를 지배했나요?

100년간　　474년간　　676년간

14. 니콜로 파가니니는 유명한 바이올리니스트이다. 아홉 살에 자작곡을 연주하기도 했다.

◆ 니콜로 파가니니의 직업은 무엇인가요?

피아니스트　　바이올리니스트　　화가

◆ 몇 세에 자작곡을 연주했나요?

여섯 살　　아홉 살　　열두 살

15. 삼성그룹의 모태는 1938년 설립된 삼성상회이다. 창업주는 대구에서 사업을 시작했다.

◆ 무엇에 대한 설명인가요?

삼성　　두산　　오뚜기

◆ 어디서 사업을 시작했나요?

서울　　북경　　대구

16. 근대미술은 프랑스 혁명을 전후로 등장하였다. 근대미술은 낭만주의를 포함한다.

◆ 근대미술은 언제 등장하였나요?

중세시대　　프랑스 혁명 전후　　일제강점기

◆ 근대미술은 무엇을 포함하나요?

낭만주의　　여백의 미　　현실주의

17. 카카오미니는 인공지능 스피커이다. 음성 명령을 통해 작동된다.

- **카카오미니는 무엇인가요?**

  자동차 스피커 컴퓨터

- **카카오미니는 무엇을 통해 작동되나요?**

  키보드 지문 음성 명령

18. 아이패드는 태블릿 형태의 컴퓨터로 2010년에 출시되었다. 첫날에만 60만 대가 판매되었다.

- **아이패드는 언제 출시되었나요?**

  2000년 2010년 2012년

- **첫날에 몇 대가 판매되었나요?**

  30대 60만 대 품절

19. 상체운동을 통해 척추 근육을 강화할 수 있다. 특히 직장암, 전립선암 환자에게 도움이 된다.

- **상체운동은 무슨 근육을 강화하나요?**

  다리 근육 척추 근육 체중 감량

- **상체운동은 어떤 환자에게 도움이 되나요?**

  백혈병 환자 감기 환자 암 환자

20. 손기정은 마라톤 선수이다. 손기정은 베를린 올림픽대회에서 금메달을 땄다.

- **손기정은 어떤 종목의 선수인가요?**

  단거리 달리기 수영 마라톤

- **베를린 올림픽대회에서 무슨 메달을 땄나요?**

  금메달 은메달 동메달

3문장으로 구성된 설명문

1. 라면은 튀긴 국수이다. 끓인 물에 면, 후레이크, 스프를 넣어 먹는다. 라면은 2차 세계대전이 끝나고 일본에서 만들어졌다.

- 라면은 볶은 국수인가요?

  예 아니요

- 라면은 프랑스 혁명 전에 만들어졌나요?

  예 아니요

- 라면은 일본에서 만들어졌나요?

  예 아니요

2. 휴대폰은 다양한 기능이 있다. 카메라 기능은 얼굴 보정이 가능하다. 취침 설정 기능은 화면을 흑백으로 바꾸어 준다.

- 컴퓨터에 대한 설명인가요?

  예 아니요

- 카메라에는 기능이 없나요?

  예 아니요

- 취침 설정 기능은 화면을 밝게 바꾸어 주나요?

  예 아니요

3. 영화관 창구에서 영화표를 구매한다. 상영관 입구에서 영화표를 직원에게 준다. 좌석 배치도를 보고 나의 좌석을 확인한다.

- 백화점에서 영화표를 구매하나요?

  예 아니요

- 상영관 출구에서 영화표를 직원에게 주나요?

  예 아니요

- 좌석 배치도를 보고 좌석을 확인하나요?

  예 아니요

4. 슈퍼맨은 유명한 미국 만화 캐릭터이다. 빨간 망토는 슈퍼맨을 상징하는 옷이다. 큰 키와 잘생긴 얼굴도 인상적이다.

◆ 배트맨에 대한 설명인가요?

예 아니요

◆ 슈퍼맨은 미국의 캐릭터인가요?

예 아니요

◆ 슈퍼맨은 초록 망토를 입나요?

예 아니요

5. 우리는 태양열을 모아 전기에너지로 사용한다. 최초의 태양열식 기계는 미국에서 발명되었다. 그것은 태양열 온수기이다.

◆ 풍력에너지에 대한 설명인가요?

예 아니요

◆ 최초의 태양열식 기계는 한국에서 발명되었나요?

예 아니요

◆ 정수기는 최초의 태양열식 기계인가요?

예 아니요

6. 양파는 매운맛이 약한 것과 강한 것이 있다. 또 줄기의 색깔에 따라 여러 종으로 나뉜다. 한국에서는 양파를 6월경에 수확한다.

◆ 양파에 대한 설명인가요?

예 아니요

◆ 양파는 줄기의 색깔에 따라 종이 나뉘나요?

예 아니요

◆ 한국은 양파를 6월에 수확하나요?

예 아니요

7. 문어는 연체동물이다. 입 주변에 빨판이 달린 여덟 개의 다리가 있다. 문어는 봄부터 10만 개 이상의 알을 낳는다.

◆ 오징어에 대한 설명인가요?

예 아니요

◆ 문어의 입 주변에 다리가 달려 있나요?

예 아니요

◆ 문어는 여름부터 알을 낳나요?

예 아니요

8. 디즈니에서 가장 유명한 캐릭터는 미키마우스이다. 미키마우스는 수컷 쥐를 의인화한 캐릭터이다. 데뷔작은 '증기선 윌리'이다.

◆ 도날드 덕에 대한 설명인가요?

예 아니요

◆ 미키마우스는 수컷 쥐 인가요?

예 아니요

◆ 미키마우스의 데뷔작은 '증기선 윌리'인가요?

예 아니요

9. 조선백자는 송나라의 영향을 받아 시작되었다. 조선시대에 이르러 전성기를 이루었다. 조선백자는 정갈한 느낌이 인상적이다.

◆ 조선백자는 송나라의 영향을 받았나요?

예 아니요

◆ 조선백자는 근대에 전성기를 맞았나요?

예 아니요

◆ 조선백자는 정갈한 느낌인가요?

예 아니요

10. 인스타그램은 소셜미디어이다. 인스타그램에서 사진과 동영상을 공유할 수 있다. 2014년에 사용자 수가 3억 명을 돌파했다.

- 인스타그램에 대한 설명인가요?

  예 아니요

- 인스타그램에서 문서를 공유하나요?

  예 아니요

- 2014년에 사용자 수가 10억 명을 돌파했나요?

  예 아니요

11. 발리는 인도네시아의 섬이다. 발리의 바다는 상당히 파도가 높다. 그래서 해양 스포츠를 즐기기에 좋다.

- 발리는 섬인가요?

  예 아니요

- 발리의 바다는 파도가 높나요?

  예 아니요

- 발리는 겨울 스포츠를 즐기기에 좋은 곳인가요?

  예 아니요

12. 가브리엘 샤넬은 여성 패션을 선도한 디자이너이다. 별칭은 '코코'이다. 프랑스 출생으로 어린 시절을 보육원에서 보냈다.

- 가브리엘 샤넬은 배우인가요?

  예 아니요

- 가브리엘 샤넬의 별칭은 '코코'인가요?

  예 아니요

- 가브리엘 샤넬은 프랑스에서 태어났나요?

  예 아니요

13. 파파고는 번역 서비스이다. 누구나 무료로 파파고를 사용할 수 있다. '파파고'는 앵무새를 뜻하는 말이다.

◆ **파파고는 어떤 서비스를 제공하나요?**

유통 서비스 번역 서비스 배달 서비스

◆ **파파고 사용료는 얼마인가요?**

무료 1만 원 3만 원

◆ **파파고는 무엇을 뜻하나요?**

부엉이 앵무새 파인애플

14. 바이오 인식은 개인의 생체 정보를 활용한다. 그래서 타인의 도용이 어렵다. 보안 분야에서 많이 활용되고 있다.

◆ **바이오 인식은 어떤 정보를 활용하나요?**

암호 생체 정보 카드 정보

◆ **바이오 인식은 무엇을 어렵게 하나요?**

도용 암호의 생성 접근

◆ **어느 분야에서 많이 활용되고 있나요?**

범죄 유통 보안

15. 볼링은 진자 운동의 원리를 응용한 스포츠이다. 고대 이집트에서 유래되었다. 한국에는 6 · 25 전쟁 직후 미군을 통해 도입되었다.

◆ **볼링은 무슨 원리를 응용한 스포츠인가요?**

지렛대의 원리 진자 운동의 원리 가속도의 법칙

◆ **볼링은 어느 나라에서 유래되었나요?**

그리스 로마 이집트

◆ **한국에는 언제 도입되었나요?**

6 · 25 전쟁 직후 조선시대 2000년 이후

16. '미 비포 유' 영화가 국내에서 개봉한다. 영화 관람시간은 110분이다. 이 영화는 12세부터 관람할 수 있다.

◆ 무슨 영화가 개봉하나요?

미 비포 유　　어바웃 타임　　이프 온리

◆ 영화 관람시간은 몇 분인가요?

90분　　110분　　120분

◆ 몇 세부터 관람할 수 있나요?

6세　　12세　　19세

17. 외국인을 위한 한국 노래 모임이 열립니다! 한국 친구들도 만날 수 있습니다. 모임은 매주 금요일 오후 2시부터 시작됩니다.

◆ 누구를 위한 모임인가요?

어린이　　노인　　외국인

◆ 노래 모임에서 누구를 만날 수 있나요?

영어 선생님　　한국 친구들　　어린이

◆ 무슨 요일에 열리나요?

월요일　　수요일　　금요일

18. 행복 세탁소를 이용해 주시는 고객님께 알려 드립니다. 올해부터 세탁비가 10% 인상됩니다. 결제 시 확인해 주세요.

◆ 어느 업체에서 공지한 글인가요?

마트　　세탁소　　택배

◆ 무엇이 인상되나요?

배송비　　대여비　　세탁비

◆ 몇 프로 인상되나요?

10%　　15%　　20%

19. 링컨은 미국의 16번째 대통령이다. 남북전쟁이라는 위기로부터 나라를 구하였다. 또한 링컨은 노예제를 폐지하였다.

◆ 누구에 대한 설명인가요?

처칠　　오바마　　링컨

◆ 링컨은 무엇을 역임했나요?

국무총리　　수상　　대통령

◆ 무엇으로부터 나라를 구하였나요?

세계대전　　남북전쟁　　유럽전쟁

20. 공단 체육시설 회원들에게 진심으로 감사드립니다. 최근 적자 운영이 지속됨에 따라 부득이 일요일 수영장 운영이 중단됩니다. 이는 2020년 10월부터 시행될 방침입니다.

◆ 왜 수영장 운영을 중단하나요?

안전 문제로　　적자 운영으로　　감염 관리 차원으로

◆ 무슨 요일에 운영이 중단되나요?

토요일　　일요일　　월요일

◆ 언제부터 시행되나요?

2020년 8월　　2020년 10월　　2021년 1월

4문장으로 구성된 설명문

1. 2020년 7월 급식비 납부에 관해 안내드립니다. 이달 급식비는 6만 원입니다. 학교 계좌로 납부 부탁드립니다. 문의 사항은 본교 행정실로 연락해 주시기 바랍니다.

- **무엇에 대한 안내문인가요?**

  학원비 | 특별활동비 | 급식비

- **급식비는 얼마인가요?**

  4만 원 | 6만 원 | 8만 원

- **급식비는 어떻게 납부하면 되나요?**

  학교 계좌로 납부한다 | 카드로 납부한다 | 무상 지원된다

- **문의 사항은 어디로 연락하면 되나요?**

  담임선생님 | 교무실 | 행정실

2. 제임스 본드는 영국 소설에 등장하는 가상의 영국 첩보원이다. 본격적인 유명세는 007 영화 시리즈로 알려졌다. 제임스 본드는 3개 국어를 구사할 수 있고, 사격술이 뛰어나다. 성격은 매우 진지한 편이다.

- **누구에 대한 설명인가요?**

  조지 부시 | 제임스 본드 | 톰 크루즈

- **제임스 본드의 출신 국가는 어디인가요?**

  미국 | 영국 | 독일

- **제임스 본드는 무엇으로 유명해졌나요?**

  동화 | 영화 | 만화

- **제임스 본드의 성격은 어떤가요?**

  장난스럽다 | 비관적이다 | 진지하다

3. 잠은 동물이 일정 시간 동안 활동을 쉬면서 의식이 없는 상태로 있는 것이다. 사람은 어릴수록 하루에 자는 시간이 길고, 나이가 들수록 점점 짧아진다. 성인은 하루에 약 8시간 정도를 잔다. 그러나 현대인은 불규칙한 생활로 충분히 자지 못하고 있다.

◆ 무엇에 대한 설명인가요?

식사　　잠　　운동

◆ 나이가 들수록 수면시간은 어떻게 되나요?

길어진다　　비슷하다　　짧아진다

◆ 성인은 하루 평균 약 몇 시간을 자나요?

4시간　　8시간　　10시간

◆ 왜 현대인의 수면시간이 짧아졌나요?

취미가 많아서　　가족이 많아서　　불규칙한 생활로

4. 먼저, 오이를 채 썰고, 콩나물을 끓는 물에 살짝 데친다. 달걀을 삶은 후, 일정한 간격으로 썬다. 면을 삶은 뒤, 뜨거운 물에 빠르게 씻어 낸다. 그릇에 면과 양념장을 넣어 비빈 후, 야채와 달걀을 얹으면 비빔면이 완성된다.

◆ 무엇에 대한 설명인가요?

칼국수　　비빔면　　비빔밥

◆ 끓는 물에 무엇을 데치나요?

숙주나물　　시금치　　콩나물

◆ 달걀은 어떻게 요리하나요?

삶아서　　구워서　　날것으로

◆ 양념장은 언제 넣나요?

처음　　중간　　마지막

5. 커피는 커피나무 열매의 씨를 볶아 가루로 낸 것이다. 커피는 따뜻한 물, 차가운 물 등에 타서 마실 수 있다. 브라질은 커피 생산국 1위이다. 커피에는 카페인이 다량 함유되어 사람을 각성시키는 효과가 있다.

- 무엇에 대한 설명인가요?

홍차 커피 주스

- 커피는 무엇을 볶아서 만드나요?

커피나무 열매의 씨 커피나무의 줄기 커피나무의 잎

- 커피 생산국 1위는 어느 나라인가요?

베트남 브라질 우간다

- 무엇이 사람을 각성시키는 효과를 내나요?

니코틴 단백질 카페인

6. 현미밥은 딱딱한 식감 때문에 꺼리는 사람이 많다. 그래서 현미밥을 지을 때 소주를 첨가하면 식감이 부드러워진다. 더하여 항산화 영양소도 늘어난다. 밥을 지을 때는 일반 밥솥으로 지으면 부드러운 식감을 오래 유지할 수 있다.

- 무엇에 대한 설명인가요?

보리밥 현미밥 삼계탕

- 왜 현미밥을 꺼리는 사람이 많나요?

식감이 딱딱해서 맛이 없어서 소화가 안 돼서

- 현미밥에 무엇을 첨가하면 식감이 부드러워지나요?

막걸리 소주 검은콩

- 무엇으로 밥을 지으면 부드러운 식감을 오래 유지할 수 있나요?

냄비 압력밥솥 일반 밥솥

7. 김구 선생은 일제강점기의 독립운동가이다. 양반가의 후손으로 태어나 과거에 응시했지만 실패하였다. 이후 동학농민운동에 참가하였고, 한때 승려로도 활동하였다. 호는 백범이며, 37세에 지금의 이름인 '구'로 개명하였다.

◆ **누구에 대한 설명인가요?**

이황 선생　　김구 선생　　권율 장군

◆ **김구는 어떤 집안에서 태어났나요?**

양반　　천민　　중인

◆ **김구는 한때 무엇으로 활동하였나요?**

경찰　　상인　　승려

◆ **김구의 호는 무엇인가요?**

백범　　다산　　율곡

8. 유튜브는 미국의 동영상 공유 사이트로 전 세계 최대 규모이다. 사용자가 직접 영상을 시청하고, 올리고, 또 공유할 수 있다. 유튜브에서 다루는 여러 동영상을 공유하면서 인터넷 문화가 확장되었다. 동영상을 시청할 때 광고도 함께 나오는데, 그 광고를 통해 수익을 얻기도 한다.

◆ **무엇에 대한 설명인가요?**

인스타그램　　유튜브　　카카오톡

◆ **유튜브는 어느 나라 사이트인가요?**

영국　　미국　　캐나다

◆ **유튜브는 무엇을 하는 사이트인가요?**

영화 공유　　책 판매　　동영상 공유

◆ **무엇을 통해 수익을 얻나요?**

광고　　동영상　　방송

9. 마라톤은 육상 경기의 한 종목으로, 42.195km의 거리를 달리는 경주이다. 경부선 철도로 서울역과 수원역 간 거리가 약 이 정도이다. 마라톤은 일반적으로 아스팔트 도로에서 한다. 마라톤의 세계 최강국은 에티오피아이며, 케냐도 그 뒤를 따른다.

- 무엇에 대한 설명인가요?

  멀리뛰기　　마라톤　　경보

- 마라톤은 어디서 하나요?

  비포장도로　　자전거 도로　　아스팔트 도로

- 마라톤 거리는 서울역에서 어디까지의 거리 정도 되나요?

  부산역　　대전역　　수원역

- 마라톤의 세계 최강국은 어디인가요?

  케냐　　에티오피아　　수단

10. LG는 경상남도 진주에서 창업주 구인회 회장의 구인회상점에서 시작했다. 초기에는 무역 사업을 하다 이후 화학과 전자 사업으로 확장했다. 구회장은 대한민국 최초로 플라스틱 생산을 주도하였다. 이후에는 TV 생산 등으로 기업을 성장시켰다.

- 무엇에 대한 설명인가요?

  LG　　삼성　　대우

- 어디서 구인회상점이 시작되었나요?

  전주　　진해　　진주

- 초기에는 어떤 사업을 하였나요?

  전자　　무역　　식품

- 대한민국 최초로 무엇을 생산하였나요?

  세탁기　　알루미늄　　플라스틱

11. 하이힐은 발꿈치 부분이 들어 올려진 신발을 말한다. 넓은 의미에서 보면 굽이 높은 신발을 가리키지만, 그중에서도 특히 여성용 신발을 가리킨다. 건강에 좋지 않아 피할 것을 권장하고, 사우디아라비아에서는 불법으로 규정하고 있다. 하지만 많은 여성의 하이힐 사랑은 수십 년째 이어져 오고 있다.

◆ 무엇에 대한 설명인가요?

슬리퍼 하이힐 운동화

◆ 하이힐은 어떤 부분이 들어 올려져 있나요?

발가락 발꿈치 발목

◆ 왜 하이힐을 피할 것을 권장하나요?

건강에 좋지 않아서 비싸서 무거워서

◆ 어느 나라가 하이힐을 금지했나요?

아르헨티나 인도네시아 사우디아라비아

12. 신세계 아카데미에서 요가 수강생을 모집합니다. 요가 수업은 매주 목요일 10시부터 11시까지 진행됩니다. 회비는 10만 원입니다. 수업에 오실 때는 편안한 바지를 챙겨 오시기 바랍니다.

◆ 무슨 강의가 열리나요?

발레 요가 킥복싱

◆ 무슨 요일에 진행되나요?

토요일 목요일 금요일

◆ 회비는 얼마인가요?

5만 원 10만 원 12만 원

◆ 준비물은 무엇인가요?

조끼 편안한 바지 실내화

13. 샛별초등학교 봄 소풍 장소는 민속촌으로 결정되었습니다. 소풍 당일에는 걷기에 편한 운동화를 신을 수 있도록 해 주세요. 또한 점심이 제공되지 않으므로 도시락을 챙겨 주시기 바랍니다. 출발 장소는 학교 운동장입니다.

◆ 봄 소풍 장소는 어디인가요?

제주도　　민속촌　　학교 운동장

◆ 무엇을 신도록 하였나요?

구두　　샌들　　운동화

◆ 무엇을 챙겨야 하나요?

용돈　　도시락　　수첩

◆ 출발 장소는 어디인가요?

학교 운동장　　집 앞　　시청 앞

14. 만화 '원피스'는 일본의 작가 오다 에이치로가 그렸다. 원피스는 해적을 동경하는 소년의 모험을 주제로 한다. 1999년 1월부터 국내에서도 연재되었다. 또한 2003년부터는 KBS에서 방영되기도 했다.

◆ 원피스는 어느 나라 만화인가요?

중국　　대만　　일본

◆ 원피스는 무엇을 주제로 한 만화인가요?

소년의 모험　　일본 생활　　학교생활

◆ 국내에는 언제부터 연재되었나요?

1996년 1월　　1999년 1월　　1999년 5월

◆ 어느 채널에서 방영되었나요?

SBS　　KBS　　MBC

15. 홍삼은 우리나라에서 가장 인기 있는 식품이다. 국내 홍삼은 중국산 홍삼과 외형적으로 차이가 있다. 국산은 머리가 짧고 굵은 반면 중국산은 길다. 국산은 구수한 인삼 향이 나고 중국산은 흙냄새가 강하다.

◆ 무엇에 대한 설명인가요?

홍삼 녹용 칡즙

◆ 홍삼은 어느 나라에서 인기가 있나요?

캐나다 우리나라 싱가포르

◆ 중국산 홍삼은 머리가 어떻게 생겼나요?

짧다 굵다 길다

◆ 중국산 홍삼은 어떤 향이 나나요?

흙냄새 달콤한 냄새 구수한 냄새

16. 연세대학교 도서관에서 안내합니다. 방학을 맞이하여 도서관 운영 시간을 단축합니다. 평일은 오전 9시부터 오후 5시까지, 공휴일은 오전 9시부터 오후 1시까지 운영합니다. 도서관 이용에 착오 없으시기 바랍니다.

◆ 왜 도서관 운영 시간을 단축하나요?

공사를 하여서 방학을 맞이하여서 건물을 이전해서

◆ 도서관은 몇 시부터 운영하나요?

8시 8시 30분 9시

◆ 평일에는 몇 시까지 운영하나요?

오후 1시 오후 5시 오후 6시

◆ 언제 오후 1시까지 운영하나요?

금요일 스승의 날 공휴일

17. 밀레니얼 세대는 1980년대 초반에서 2000년대 초반에 출생한 세대를 가리키는 말이다. 청소년 때부터 인터넷을 사용해 정보기술에 능통하다. 또한 대학 진학률이 높다는 특징이 있다. 반면 이들은 고용 감소의 어려움을 겪는 세대이기도 하다.

◆ 밀레니얼 세대는 언제 출생한 세대를 가리키는 말인가요?

1980년대 초반　　2010년대　　최근 5년 이내

◆ 밀레니얼 세대는 무엇에 능통한가요?

금융지식　　정보기술　　조직문화

◆ 밀레니얼 세대는 언제부터 인터넷을 사용했나요?

아동기　　청소년기　　성인기

◆ 밀레니얼 세대는 어떤 어려움을 겪고 있나요?

정보 공유　　대학 진학　　고용 감소

18. 백두산 호랑이란 한국 호랑이를 가리키는 말이다. 20세기에 총기를 이용한 사냥이 민간에까지 보급되면서 호랑이도 감소일로에 처하였다. 한국산 호랑이는 일제강점기 때 97마리가 남획되었다. 남한에서는 1921년 경북 대덕산에서 사살된 것이 마지막 공식 기록이다.

◆ 백두산 호랑이는 무슨 호랑이를 가리키는 말인가요?

한국 호랑이　　동북 호랑이　　시베리아 호랑이

◆ 왜 호랑이의 수가 줄어들었나요?

총기를 이용한 사냥으로　　생태계 파괴로　　환경오염으로

◆ 언제 호랑이 97마리가 남획되었나요?

조선시대　　6 · 25 전쟁　　일제강점기

◆ 어디서 마지막 호랑이가 사살되었나요?

충청　　경북　　전라

19. 딸기 꼭지를 제거하여 흐르는 물에 깨끗이 씻는다. 냄비에 딸기와 설탕을 넣고 끓인다. 약한 불에 주걱으로 저어 가며 졸인다. 약한 불에 끓이면서 거품을 걷어 내면 딸기잼이 완성된다.

◆ 무엇에 대한 설명인가요?

딸기잼 딸기파이 케이크

◆ 딸기의 어떤 부분을 제거하나요?

껍질 씨 꼭지

◆ 딸기와 무엇을 넣고 끓이나요?

식초 소금 설탕

◆ 어떤 불에 끓이나요?

약한 불 중간 불 강한 불

20. 재즈는 미국 흑인의 민속음악과 백인의 유럽음악의 결합으로 미국에서 생겼다. 1910년대에 들어서부터 재즈라고 불렀다. 그 이전에는 일반적으로 래그라고 불렀다. 재즈의 어원은 영국의 고어에서 비롯되었고, 외설스러운 뜻을 지닌다.

◆ 재즈는 어느 나라에서 생겨난 음악인가요?

이집트 영국 미국

◆ 몇 년도부터 재즈라고 부르게 되었나요?

1810년 1910년 2010년

◆ 1910년 전에는 재즈를 뭐라고 불렀나요?

래그 힙합 클래식

◆ 재즈는 어떤 뜻을 지니고 있나요?

평화를 상징하는 뜻 외설스러운 뜻 열정을 담은 뜻

5문장으로 구성된 설명문

1. 전복죽을 끓이기 위해 멥쌀을 물에 불린다. 전복은 내장을 분리하여 전복살을 썬다. 냄비에 참기름을 붓고 멥쌀을 넣어 1분 정도 볶는다. 전복과 물을 넣고 중불로 끓인다. 죽이 어우러지면 국간장으로 간을 맞추고, 2분 정도 더 끓인다. (98음절)

◆ 무엇에 대한 설명인가요?

호박죽 끓이기　　조개찜 끓이기　　전복죽 끓이기

◆ 어떤 쌀로 죽을 끓이나요?

찹쌀　　멥쌀　　현미

◆ 처음에 멥쌀을 어떻게 하나요?

물에 끓인다　　물에 불린다　　물에 볶는다

◆ 무엇으로 간을 맞추나요?

식초　　설탕　　국간장

◆ 간을 맞추고 몇 분 정도 더 끓이나요?

2분　　5분　　10분

2. 여성 탈모가 걱정되시나요? 튼튼 모발 강화 샴푸와 튼튼 모근 강화 분말로 해결하세요. 린스의 기능이 포함된 이 샴푸로 매일 저녁 머리를 감으시면 됩니다. 또한 분말은 국산 검은깨와 검은콩을 갈아 만든 것입니다. 지금 바로 압구정역 튼튼 미용 가게로 방문하세요. (109음절)

◆ 무엇에 대한 설명인가요?

흉터 탈모 변비

◆ 누구를 위한 상품인가요?

아동 남성 여성

◆ 언제 머리를 감아야 하나요?

아침 점심 저녁

◆ 분말은 무엇으로 만들었나요?

호두와 땅콩 보리와 쌀 검은깨와 검은콩

◆ 이 상품은 어디에서 살 수 있나요?

인터넷 매장 홈쇼핑

3. 공원 방문객께 안내합니다. 우리 공원에서는 비둘기에게 먹이 주기를 금지하고 있습니다. 비둘기는 유해 야생 동물입니다. 비둘기가 증가하면서 공원은 악취로 고통받고 있습니다. 방문객 여러분의 협조를 부탁드리며 곧 있을 마술쇼에 많은 관심 가져 주시길 바랍니다. (112음절)

◈ 어디서 방송이 나왔나요?

바다 공원 한강

◈ 누구에게 안내하는 방송인가요?

공원 관리자 길거리 상점 주인 공원 방문객

◈ 누구에게 먹이를 주면 안 되나요?

비둘기 참새 강아지

◈ 왜 공원에 악취가 나나요?

쓰레기가 많아서 비둘기가 많아서 사람들이 많아서

◈ 무엇이 곧 시작될 예정인가요?

마술쇼 분수쇼 레이저쇼

4. 국민연금은 1988년부터 시작되었다. 국민연금은 정부가 직접 운영하는 연금제도이다. 국내에서 거주하는 60세 미만의 전 국민을 대상으로 한다. 소득활동을 할 때 납부한 보험료를 나이가 들면 지급한다. 국고에서 지원되므로 사보험처럼 영업 이익을 추구하지 않는다. (115음절)

◆ 무엇에 대한 설명인가요?

사학연금 　　공무원연금 　　국민연금

◆ 국민연금은 언제부터 시작되었나요?

1960년대 　　1970년대 　　1980년대

◆ 국민연금은 어디서 운영하나요?

정부 　　회사 　　학교

◆ 몇 세 미만을 대상으로 하나요?

50세 　　60세 　　70세

◆ 국민연금은 왜 이익을 추구하지 않나요?

납입금이 적어서 　　국고에서 지원되므로 　　가입자가 많아서

5. 아이키도는 일본의 대표적인 현대 무술이다. 윤대현 대한합기도회 회장에 의해서 본격적으로 국내에 도입되었다. 아이키도는 몸을 사용해서 하는 무술이다. 피하기, 누르기 등의 기술을 이용해서 상대방을 맨손으로 무력화시킨다. 초심자는 흰 띠, 유단자는 검은 띠를 쓴다. (115음절)

- 아이키도는 어느 나라의 무술인가요?

한국	대만	일본

- 누구에 의해 국내로 도입되었나요?

한국택견협회 회장	대한합기도회 회장	한국체육대학교 총장

- 아이키도는 무엇을 사용해서 하는 무술인가요?

검	몸	쌍절곤

- 상대방을 어떻게 무력화시키나요?

검을 휘둘러서	글러브를 끼고	맨손으로

- 유단자는 무슨 띠를 쓰나요?

흰 띠	검은 띠	파란 띠

6. 돌아온 국민가수 이문세! 광화문에서 흘러나오는 그의 곡을 기억하십니까? 20년 이상 라디오 디제이(DJ)로 이름을 알렸던 전설적인 가수. 오늘은 이문세 씨를 초대하여 그의 자작곡에 대한 이야기를 나누어 보겠습니다. 그리고 성황리에 종료된 전국투어 콘서트 뒷얘기도 기대해 주세요. (122음절)

◆ 누구에 대한 이야기인가요?

배철수　　이문세　　신승훈

◆ 이문세는 무엇으로 이름을 알렸나요?

드라마　　음반제작　　라디오 DJ

◆ 이문세는 몇 년 동안 라디오 DJ로 활동하였나요?

10년　　15년　　20년 이상

◆ 이문세와 무엇에 대한 이야기를 나누나요?

신곡　　유명곡　　자작곡

◆ 이문세는 최근에 무엇을 마쳤나요?

자선회　　드라마 촬영　　전국투어 콘서트

7. 부산시 해운대 해수욕장을 찾아 주신 여러분께 안내 말씀드립니다. 오늘부터 바다 입수가 가능합니다. 하지만 아직 초여름의 날씨로 일교차가 커서 오후 5시면 입수가 제한됩니다. 관광객 여러분은 시간을 철저히 지켜 주시기 바랍니다. 또한 오늘부터 모래축제가 시작되오니 많은 관심 부탁드립니다. (125음절)

◆ 어디서 방송이 나왔나요?

해운대 정동진 태종대

◆ 바다 입수는 언제부터 가능한가요?

오늘부터 내일부터 모레부터

◆ 몇 시부터 입수가 제한되나요?

오후 9시 오후 7시 오후 5시

◆ 누구를 위한 방송인가요?

노약자 어린이 관광객

◆ 오늘부터 무슨 축제가 시작되나요?

바다축제 모래축제 고래축제

8. 올해로 국민은행 개점 30주년이 되었습니다. 30주년을 기념하여 적금, 예금, 보험 상품 행사를 진행 중입니다. 신규 적금 가입자분들께 연간 4%의 이율을 제공하고 있습니다. 또한 5천만 원 이상의 예금 가입자분들께는 5%의 이율을 제공하고 있습니다. 적금과 예금의 기한은 모두 2년입니다. (126음절)

◆ 무엇에 대한 설명인가요?

은행 상품 서문시장 로얄호텔

◆ 무엇을 기념하는 내용인가요?

은행 확장 은행 이전 은행 개점

◆ 은행은 개점한 지 몇 년 되었나요?

10년 20년 30년

◆ 적금 가입자에게 어떤 혜택을 주나요?

수수료 인하 4% 이율 세금 감면

◆ 예금 기한은 몇 년 인가요?

1년 2년 3년

9. 세계적으로 주목받고 있는 〈오페라의 유령〉 뮤지컬이 국내에서도 열립니다. 공연은 2022년 10월 1일부터 열흘간 진행됩니다. 공연 티켓은 인터파크에서 단독으로 판매하고 있습니다. 공연 관람은 블루스퀘어 인터파크홀에서 즐기실 수 있습니다. 조기 매진이 예상되오니 빠른 예매 부탁드립니다. (128음절)

- 무슨 뮤지컬이 열리나요?

드라큘라　　오페라의 유령　　웃는 남자

- 공연은 언제부터 시작되나요?

2020년 10월 1일　　2022년 2월 10일　　2022년 10월 1일

- 공연은 얼마 동안 진행되나요?

사흘　　엿새　　열흘

- 공연 티켓은 어디에서 예매할 수 있나요?

인터파크　　교보문고　　예스24

- 공연은 어디에서 진행되나요?

오페라 하우스　　세종문화회관　　블루스퀘어 인터파크홀

10. 2020년 지방세 납부 기간입니다. 지방세는 개인 주민세와 자동차세가 포함되어 고지됩니다. 약 한 달간의 납부 기한을 가지며 기한이 지날 시에 불이익을 받을 수 있습니다. 행정복지센터, 은행, 우체국 등에서 납부하시면 됩니다. 지방세 관련하여 도움이 필요하시면 1544-1544로 연락 주세요. (129음절)

◆ 무엇에 대한 설명인가요?

재산세 증여세 지방세

◆ 지방세에는 무엇이 포함되나요?

종합소득세와 이자 주민세와 자동차세 부가가치세

◆ 지방세 납부 기한은 어느 정도인가요?

15일 30일 60일

◆ 지방세를 어디에서 납부하면 되나요?

우체국 경비실 시청

◆ 도움이 필요하면 어떻게 하면 되나요?

전화한다 인터넷으로 문의한다 직접 방문한다

11. '부처님 오신 날'은 음력 4월 8일로 불교의 연중행사 중 가장 큰 명절이다. 사월 초파일로도 불리지만 공식 명칭은 '부처님 오신 날'이다. 이 날은 연등행사를 중심으로 여러 가지 민속행사가 열린다. 연등행사는 고려시대부터 지금까지 이어져 오고 있다. 연등행사는 유네스코에 무형문화유산으로 등재되어 있다. (132음절)

◆ 무엇에 대한 설명인가요?

성탄절	추수감사절	부처님 오신 날

◆ '부처님 오신 날'은 음력으로 몇 월에 있나요?

3월	4월	5월

◆ 무슨 행사가 중심이 되나요?

쥐불놀이	연날리기	연등행사

◆ 언제부터 연등행사가 시작되었나요?

고려시대	조선시대	근대시대

◆ 연등행사는 어디에 등재되었나요?

올림픽	유네스코	기네스북

12. 따뜻한 봄, 자전거 타기 참 좋은 날이죠? 성남시에서 공유 자전거를 제공하고 있습니다. 분당선 지하철역 다섯 곳에 공유 자전거를 열 대씩 배치하였습니다. 시민 여러분은 휴대폰 앱이나 행정복지센터에서 발급받은 카드로 이용하실 수 있습니다. 자전거 사용 후에는 지정된 반납 구역에 반드시 반납해 주시기 바랍니다. (132음절)

◆ 무엇에 대한 설명인가요?

렌터카 공유 자전거 전동 킥보드

◆ 현재 계절은 언제인가요?

봄 여름 가을

◆ 어느 시에서 공유 자전거를 제공하나요?

일산시 성남시 광명시

◆ 자전거를 어디서 대여할 수 있나요?

버스터미널 지하철역 행정복지센터

◆ 자전거는 어떻게 이용할 수 있나요?

휴대폰 앱으로 경찰서에 문의해서 인터넷 사이트를 통해

13. 신세계백화점에서 사은 행사가 열린다. 화장품 구매 고객에게 신세계 상품권을 증정하는 행사이다. 화장품 부문 합산 20만 원 이상 구매 시 신세계 상품권 1만 원, 40만 원 이상 구매 시 신세계 상품권 2만 원을 증정한다. 상품권은 5층 사은 행사장에서 받을 수 있다. 상품권 증정은 4월 28일부터 5월 15일까지이다. (134음절)

◆ 어디서 행사가 열리나요?

롯데백화점　　현대백화점　　신세계백화점

◆ 무슨 행사가 열리나요?

자선 행사　　사은 행사　　기부 행사

◆ 무엇을 구매하면 상품권을 증정하나요?

의류　　화장품　　전자기기

◆ 얼마 이상 구매 시 2만 원권을 증정하나요?

40만 원　　80만 원　　100만 원

◆ 상품권은 몇 층에서 받을 수 있나요?

2층　　5층　　10층

14. 이마트 승강기 점검 안내입니다. 오늘 오후 1시부터 5시까지 정문 출입구 승강기 운행이 중단됩니다. 정기적인 승강기 점검이오니 고객 여러분은 안심하셔도 됩니다. 특히 승강기 문이 열린 상태이오니 아이들이 들어가지 않도록 반드시 주의해 주시기 바랍니다. 오늘 오후는 후문 출입구 승강기를 사용해 주시기 바랍니다. (134음절)

◆ 무엇에 대한 안내인가요?

승강기 운행 중단 승강기 설치 비상구 폐쇄

◆ 어디의 승강기 운행이 중단되나요?

정문 후문 주차장

◆ 몇 시에 승강기 운행이 중단되나요?

오후 1시 오후 6시 오전 8시

◆ 왜 승강기 운행이 중단되었나요?

고장 나서 점검 예정이라서 수리 중이라서

◆ 왜 아이들이 들어갈 위험이 있나요?

재미있어서 문이 열려 있어서 버튼이 깜빡여서

15. 서울특별시 강남구 강남대로에 위치한 삼성전자 건물에 CCTV가 설치됩니다. CCTV 설치 목적은 고객 및 시설 안전관리, 화재예방, 범죄예방을 위함입니다. CCTV는 24시간 동안 녹화됩니다. 촬영범위는 건물 내부와 외부입니다. 관리책임자는 김철수 관리사무소장이며, 문의 사항은 관리사무실로 연락 주십시오. (138음절)

◈ 무엇이 설치된다는 안내문인가요?

신호등　　과속 카메라　　CCTV

◈ 무슨 건물에 설치되나요?

삼성전자 건물　　LG전자 건물　　초등학교 앞

◈ 몇 시간 동안 촬영 및 녹화되나요?

6시간　　12시간　　24시간

◈ CCTV 관리책임자는 누구인가요?

삼성전자 사장　　엔지니어　　김철수 관리사무소장

◈ 문의사항이 있으면 어떻게 하면 되나요?

이메일로 문의한다　　관리사무실로 연락한다　　방문하여 문의한다

16. 박경리는 대하소설 『토지』를 쓴 소설가이다. 이 작품을 26년간 집필했으며, 한국 근 · 현대사의 전 과정에 걸쳐 여러 계층의 인간의 상이한 운명을 다뤘다. 영어, 일본어, 프랑스어로 번역되어 호평을 받기도 했다. 그밖에 주요 작품으로 『나비와 엉겅퀴』, 『노을진 들녘』 등이 있다. 박경리는 2008년 5월 5일 폐암으로 사망하였다. (144음절)

◆ 누가 대하소설 『토지』를 썼나요?

박경리 신경숙 김수현

◆ 박경리는 『토지』를 몇 년간 집필했나요?

6년 16년 26년

◆ 『토지』는 어느 시대를 다루는 소설인가요?

조선시대 근 · 현대시대 고려시대

◆ 박경리는 몇 년도에 사망했나요?

2000년 2008년 2018년

◆ 박경리는 왜 사망했나요?

사고로 폐암으로 심장마비로

17. 귀하의 가정에 행복이 가득하길 기원합니다. 학생에게 꿈을 실현할 수 있는 교육현장을 만들고자 하는 인재고등학교 이사장 홍길동입니다. 금년부터 물가 상승으로 인한 교육비 인상에 대해 알려드리고자 안내문을 발송하게 되었습니다. 교육비는 5% 인상되어 25만 원으로 책정되었습니다. 보다 질 높은 교육환경을 조성하도록 힘쓰겠습니다. (144음절)

◆ 어느 기관에서 발송한 안내문인가요?

교육청　　학교　　기업

◆ 누가 보낸 안내문인가요?

이사장　　팀장　　담임선생님

◆ 무엇이 인상되었나요?

상품의 가격　　인건비　　교육비

◆ 왜 안내문을 보냈나요?

안부 인사를 위해　　교육비 인상을 알리기 위해　　견학을 안내하기 위해

◆ 인상된 교육비는 얼마인가요?

15만 원　　25만 원　　30만 원

18. 모나코 공국은 프랑스 남동부 지중해에 위치한 항구 도시이다. 16세기부터 19세기까지 스페인, 프랑스, 이탈리아 등의 보호 아래 있었으나 1861년 공국으로 독립했다. 따라서 군주는 왕이 아니라 모나코 공작이다. 바티칸시국에 이어 세계 제2위의 소국이다. 사계절 내내 따뜻한 날씨로 인해 유럽의 대표적인 휴양 도시로 주목받고 있다. (144음절)

◆ 모나코 공국은 어디에 위치하나요?

프랑스 남동부　　프랑스 북부　　이탈리아 남부

◆ 언제 독립했나요?

1600년대　　1700년대　　1800년대

◆ 군주는 누구인가요?

왕　　대통령　　공작

◆ 세계에서 몇 위로 작은 나라인가요?

1위　　2위　　5위

◆ 무슨 도시로 주목받고 있나요?

공업 도시　　휴양 도시　　관광 도시

19. 오뚜기는 대한민국의 식품회사로 1969년 풍림상사로 창립하였다. 1996년 지금의 오뚜기로 상호를 바꾸었다. 회사 설립과 함께 '오뚜기 즉석 카레'를 1호 제품으로 출시했다. 1981년 국내 첫 즉석요리 '3분 카레'로 가정간편식 시장을 개척한 이후, 2016년부터 연 매출 2조 원을 돌파한 기업이 되었다. 중국, 뉴질랜드, 베트남에 해외 생산 공장을 두고 있다. (159음절)

- 오뚜기는 어느 나라의 회사인가요?

  대한민국 일본 베트남

- 창립 당시의 상호명은 무엇인가요?

  오뚜기 풍림상사 농심

- 오뚜기의 1호 제품은 무엇인가요?

  즉석 짜장 라면 즉석 카레

- 2016년부터 연 매출 얼마를 돌파했나요?

  1조 2조 3조

- 중국, 뉴질랜드, 베트남에 무엇을 두고 있나요?

  생산 공장 본사 매장

20. 비틀스는 1960년 영국 리버풀에서 결성된 록 밴드이다. 록의 시대에서 최선두 주자이며 가장 영향력 있는 밴드로 인정받는다. 그들의 곡인 '예스터데이(yesterday)'는 가장 훌륭한 팝송으로 선정되기도 하였다. 4명의 멤버 중, 2명의 멤버가 밴드의 주요 곡들을 작곡하였다. 또한 전 세계에서 6억 장 이상의 음반을 팔아 역사상 가장 많은 음반을 판 밴드로도 기록되었다. (162음절)

◆ 누구에 대한 설명인가요?

마이클 잭슨 비틀스 퀸

◆ 비틀스는 무슨 음악을 하였나요?

댄스 힙합 록

◆ 비틀스는 어느 나라에서 탄생했나요?

영국 독일 벨기에

◆ 무슨 곡이 가장 훌륭한 곡으로 선정되었나요?

렛 잇 비 예스터데이 헤이 쥬드

◆ 음반을 얼마나 팔았나요?

3억 장 6억 장 9억 장

기사문 이해

4문장으로 구성된 기사문

1. 미국의 어린이가 슈퍼카 람보르기니를 타고 싶어서 몰래 부모의 차를 운전하였다. 경찰에 적발된 아이는 '람보르기니를 사러 가는 길'이라고 하였다고 한다. 아이는 평소에도 부모에게 슈퍼카를 사달라고 졸랐다고 한다. 사연을 접한 한 미국 기업인이 아이에게 자신의 람보르기니를 태워 주었다. (YTN PLUS, 2020. 05. 10.)

◆ 어느 나라에서 있었던 일인가요?

미국 멕시코 칠레

◆ 어린이는 부모의 차를 어떻게 했나요?

몰래 운전했다 낙서했다 문을 열었다

◆ 어린이가 타고 싶었던 차는 무엇인가요?

굴착기 슈퍼카 버스

◆ 누가 어린이에게 람보르기니를 태워 주었나요?

이웃주민 기업인 자동차 판매원

2. 고려대가 코로나19 피해를 겪은 학생들에게 생활비와 등록금 일부를 지원한다. 교내 매장에서 사용 가능한 쿠폰도 지급한다. 또 독감예방주사 무료 접종을 지원한다. 2학기가 비대면 수업으로 진행되면 태블릿 PC 지원 예산도 확대키로 했다. (서울경제, 2020. 08. 28.)

◆ 고려대는 무엇을 지원하나요?

등록금 학용품 해외연수

◆ 고려대는 누구에게 생활비를 지원하나요?

미화원 임시강사 학생

◆ 어디서 사용할 수 있는 쿠폰을 지급하나요?

서울시 교내 학교 근처 동네

◆ 왜 태블릿 PC 지원 예산을 확대하나요?

기업을 도우려고 강의의 편리를 위해 비대면 수업을 위해

3. 성인은 낮에 4~6회, 밤에 잠자다가 한 번 정도 소변을 보는 것이 정상이다. 그런데 기온이 내려가면 방광과 주변 근육이 수축해 화장실에 자주 가게 된다. 하루 10회 이상 배뇨를 하면 빈뇨다. 요실금과는 달리, 빈뇨는 스스로 배뇨를 조절할 수 있으나 횟수가 많아지는 게 일반적이다. (한국일보, 2021. 01. 30.)

◆ **무엇에 대한 설명인가요?**

소변　　소화　　혈액

◆ **낮에는 몇 번 정도 소변을 보는 것이 정상인가요?**

2~4회　　4~6회　　10회 이상

◆ **기온이 내려가면 방광과 주변 근육이 어떻게 되나요?**

수축된다　　이완된다　　면연력이 떨어진다

◆ **하루 몇 회 이상 배뇨를 하면 빈뇨인가요?**

4회　　6회　　10회

4. 울산에서 브레이크를 제대로 채우지 않은 차 한 대가 비탈길에서 미끄러졌다. 차 안에는 어린이 2명도 타고 있었다. 용감한 시민의 도움으로 큰 사고를 막을 수 있었다. 그 남성은 신원을 밝히지 않고 자리를 떠났다. (YTN, 2020. 08. 16.)

◆ **무엇에 대한 뉴스인가요?**

유치원 사고　　자동차 사고　　음식 배달 사고

◆ **왜 차가 미끄러졌나요?**

비가 와서　　차를 밀어서　　브레이크를 안 채워서

◆ **차에는 누가 타고 있었나요?**

노인　　어린이　　학생

◆ **남성은 차를 멈추고 어떻게 하였나요?**

조용히 떠났다　　뉴스에 출현했다　　돈을 받았다

5. 세븐일레븐은 빨대를 사용하지 않고 마시는 친환경 상품을 출시했다. 해당 제품은 뚜껑을 열고 용기 리드지를 제거한 뒤 음용하면 된다. 뚜껑에는 특허를 받은 '이중 흘림방지 락킹 기술'이 적용되었다. 세븐일레븐은 올해부터 친환경 제품을 최소 10개 이상 확대키로 하였다. (NEWS1, 2021. 01. 30.)

- **무엇에 대한 뉴스인가요?**

  친환경 상품　　바다 오염　　플라스틱 생산

- **어느 회사에서 친환경 상품을 출시했나요?**

  이마트　　세븐일레븐　　한화

- **뚜껑에는 어떤 기술이 적용되었나요?**

  종이 빨대　　블루투스　　이중 흘림방지 락킹

- **세븐일레븐은 언제부터 친환경 제품을 확대키로 했나요?**

  올해　　내년　　하반기

6. 20대 일당이 60여 차례나 고의 접촉사고를 냈다. 또한 그들이 수억 원의 보험금을 챙긴 혐의가 파악됐다. 광진경찰서는 「보험사기특별법」 위반 혐의로 일당을 검찰에 송치했다. 경찰은 일당이 사전 답사를 하는 등 치밀하게 범행을 준비했다고 밝혔다. (NEWSIS, 2020. 11. 25.)

- **무엇에 대한 뉴스인가요?**

  연금 가입　　절도죄　　보험사기

- **몇 차례의 사고를 냈나요?**

  30여 차례　　60여 차례　　100여 차례

- **무슨 경찰서에서 사건을 담당했나요?**

  광진경찰서　　마포경찰서　　서대문경찰서

- **광진경찰서는 20대 일당을 어떻게 했나요?**

  검찰에 송치했다　　사전 답사했다　　귀가시켰다

7. 인도 남부의 LG화학 공장에서 유독가스 유출 사건이 발생했다. 주민이 최소 11명 사망, 1000여 명 이상이 다쳤다. 사망자 중에는 어린이가 포함된 것으로 알려졌다. 현지 경찰은 공장 안의 탱크 두 곳에서 유독가스가 유출된 것으로 추정하고 있다. (서울신문, 2020. 05. 08.)

◆ 무엇에 대한 뉴스인가요?

화재 사고　　가스 사고　　붕괴 사고

◆ 어느 나라에서 사고가 발생하였나요?

인도　　중국　　베트남

◆ 사망자 중에는 누가 포함되어 있나요?

노인　　사장　　어린이

◆ 경찰은 가스가 어디서 유출된 것으로 보고 있나요?

탱크　　수도관　　생산기계

8. 김소월의 대표 시 35편을 소재로 한 시 그림전이 교보문고에서 열린다. 김소월 등단 100주년을 맞아 마련한 전시회이다. 그림뿐만 아니라 대표 시 6편의 오디오 낭송 파일도 제작했다. 관객들은 시를 들으며 그림을 감상할 수 있다. (한겨레, 2020. 08. 31.)

◆ 무엇에 대한 뉴스인가요?

음악 공개　　건축 전시　　그림 전시

◆ 누구의 시를 그림으로 그렸나요?

윤동주　　김소월　　한용운

◆ 왜 전시회를 열었나요?

김소월 등단 기념　　김소월 추모　　김소월 시집 출판

◆ 전시회는 어디서 열리나요?

현대 미술관　　한가람 미술관　　교보문고

9. 국내 휘발윳값이 국제유가 상승으로 14주 만에 상승했다. 한국석유공사에 따르면 11월 넷째 주 전국 휘발유 판매 가격은 지난주보다 1.4원 올랐다. 국제유가가 11월 둘째 주부터 오르면서 국내 휘발유 가격에도 영향을 미친 것으로 분석된다. 국제유가는 상승세를 보이고 있다. (MBC, 2020. 11. 28.)

◆ 무엇에 대한 뉴스인가요?

휘발윳값 부동산 전기자동차

◆ 국내 휘발윳값은 얼마 만에 올랐나요?

5주 10주 14주

◆ 국내 휘발윳값은 왜 올랐나요?

석유 부족으로 수요가 많아져서 국제유가 상승으로

◆ 국내 휘발윳값은 얼마나 올랐나요?

1.4원 3.5원 10원

10. 부산의 한 대학교가 폐교된다. 교육부는 이달부로 학생 특별 편입 조치를 시행한다고 밝혔다. 해당 학교는 2016년 전임 총장의 횡령 등의 법 위반이 확인됐다. 2018년 교육부의 역량 평가에서 낮은 평가를 받아 재정 지원도 배제되었다. (한국일보, 2020. 08. 09.)

◆ 무엇에 대한 뉴스인가요?

학교 개교 학교 공사 학교 폐교

◆ 학교는 어느 도시에 있나요?

부산 울산 대구

◆ 누가 학교를 폐교시켰나요?

총장 부산시장 교육부

◆ 왜 재정 지원에서 배제되었나요?

낮은 평가를 받아서 강의를 못해서 학생이 민원을 해서

11. 네팔 에베레스트 지역의 한 공항에서 소형 비행기가 헬리콥터와 충돌해 3명이 숨졌다. 이륙하려던 소형 비행기가 미끄러지면서 활주로 근처에 세워져 있던 헬기와 부딪혔다. 비행기 조종사와 주변에 있던 경찰을 포함해 3명이 숨졌다. 당국이 공항을 일시 폐쇄하고 정확한 사고 원인을 조사하고 있다.

(JTBC, 2019. 04. 15.)

◆ 어느 나라에서 일어난 일인가요?

인도 네팔 필리핀

◆ 몇 명이 숨졌나요?

1명 2명 3명

◆ 왜 소형 비행기는 헬기와 충돌했나요?

오작동으로 미끄러져서 기계 결함으로

◆ 비행기 조종사와 또 누가 사망하였나요?

승객 소방관 경찰

12. 인도 뭄바이에서 4층 건물이 무너져 10명이 숨졌다. 그리고 8명이 병원으로 이송되어 치료를 받고 있다. 전문가들은 최근에 내린 폭우로 지반이 약해져서 건물이 무너졌다고 설명했다. 당국은 구조 작업에 총력을 기울이고 있다.

(JTBC, 2019. 07. 17.)

◆ 어느 나라에서 일어난 일인가요?

홍콩 싱가포르 인도

◆ 몇 층 건물이 무너졌나요?

2층 4층 8층

◆ 몇 명이 숨졌나요?

8명 10명 20명 이상

◆ 건물은 왜 무너졌나요?

부실 공사로 지반이 약해져서 지진으로

13. 페루의 주택 밀집 지역에서 원인을 알 수 없는 불이 났다. 건물들이 밀집되어 있어서 진화에 애를 먹었다. 지금까지 50여 채의 집이 불에 탔지만, 다행히 다친 사람은 없는 것으로 알려졌다. 불은 3시간 만에 비가 오면서 꺼졌다고 한다.

(JTBC, 2019. 07. 17.)

◆ 왜 화재 진압이 어려웠나요?

인력 부족으로 바람이 불어서 건물들이 밀집되어 있어서

◆ 몇 채의 집이 불에 탔나요?

30여 채 50여 채 100여 채

◆ 다친 사람은 몇 명인가요?

3명 5명 다친 사람은 없다

◆ 어떻게 불이 꺼졌나요?

비가 오면서 군인들의 지원으로 시민들의 도움으로

14. 정부는 한국판 뉴딜 추진 방향을 논의하고 있다. 원격진료나 원격교육 등 비대면 산업을 위한 투자에 나설 것으로 전망된다. 특히 직접 병원을 방문하지 않고 의사의 진료를 받을 수 있는 서비스를 우선 검토 중이다. 비대면 산업은 신종 코로나바이러스 사태를 계기로 주목받고 있다.

(연합뉴스, 2020. 05. 03.)

◆ 정부는 무엇을 추진 중인가요?

노인복지 정책 보육 정책 한국판 뉴딜 정책

◆ 무슨 산업에 관심을 두고 있나요?

비대면 산업 디자인 산업 미디어 산업

◆ 무슨 서비스를 우선 검토 중인가요?

원격수업 원격진료 오프라인 교육

◆ 비대면 산업이 주목받게 된 계기는 무엇인가요?

교통 체증 문제 접근성 문제 신종 코로나바이러스 사태

15. 성 소수자 앵커로도 잘 알려진 쿠퍼는 아들을 얻었다고 공개했다. 소셜미디어에도 아이에게 우유를 먹이는 사진을 올렸다. 아들의 이름은 와이어트로 그가 열 살 때 세상을 떠난 아버지의 이름을 따서 지었다. 각계에서 축하의 물결이 이어지고 있다. (중앙일보, 2020. 05. 02.)

◆ **쿠퍼는 어떤 앵커로 알려졌나요?**

성 소수자 앵커 배우 앵커 가수 앵커

◆ **쿠퍼는 아들의 사진을 어디에 올렸나요?**

유튜브 소셜미디어 방송국 게시판

◆ **아들의 이름은 무엇인가요?**

제임스 와이어트 켈리

◆ **누구의 이름을 따서 아들의 이름을 지었나요?**

삼촌 남동생 아버지

16. 코로나19에도 김치 수출이 늘고 있다. 김치가 코로나19 예방에 효과가 있다고 알려지면서다. 미국, 일본 등이 주요 수출국이다. 프랑스에서는 한국인이 코로나19에 대한 치사율이 낮은 이유를 김치와 같은 발효 음식을 섭취하기 때문이라고 설명했다. (중앙일보, 2020. 08. 08.)

◆ **무슨 제품의 판매량이 크게 늘었나요?**

휴대폰 김치 치즈

◆ **주요 수출국이 아닌 국가는 어디인가요?**

미국 호주 일본

◆ **한국인이 코로나19에 대한 치사율이 낮은 이유는 무엇인가요?**

운동을 해서 발효 음식 영향으로 비타민 섭취로

◆ **왜 해외로 수출되는 김치 판매량이 늘었나요?**

코로나19 사태로 국가적인 홍보로 배추 재배량이 늘어서

17. 인도에서 폭우 속에 착륙하던 여객기가 미끄러지는 사고가 있었다. 사고로 최소 17명이 숨지고 130여 명의 사상자가 발생했다. 악천후 속에 무리한 착륙 시도가 사고 원인으로 파악되고 있다. 사고기는 보잉 373 기종으로 밝혀졌다.

(YTN, 2020. 08. 08.)

- 어느 나라에서 사고가 있었나요?

필리핀	독일	인도

- 몇 명이 숨졌나요?

17명	130여 명	200여 명

- 사고의 원인은 무엇인가요?

기계의 오작동	기체 결함	악천후 속 무리한 착륙 시도

- 사고기의 기종은 무엇인가요?

알려지지 않았다	보잉 530	보잉 373

18. 국내 1인 가구가 지난해 600만을 돌파했다. 이에 따라 1인 소비 맞춤형 상품이 기업 마케팅 전략으로 자리 잡고 있다. 식재료 시장에서도 소포장 제품이 인기를 끌고 있다. 신세계푸드의 지난해 소포장 양념육 판매량이 첫 출시한 2016년보다 6배 증가한 300만 개를 기록하기도 했다. (천지일보, 2020. 08. 08.)

- 국내 1인 가구가 지난해 몇 만을 돌파했나요?

300만	600만	800만

- 어떤 상품이 기업의 마케팅 전략으로 자리 잡고 있나요?

1인 소비 맞춤형	다회용 용품	3인 가족 맞춤형

- 소포장 제품은 어떤 시장에서 인기가 있나요?

도서	식재료	가전

- 지난해 소포장 양념육 판매량은 2016년보다 몇 배 증가했나요?

2배	4배	6배

19. 일과 가정의 양립 문화가 사회 전반에 퍼지고 있다. 육아휴직을 희망하는 남성 직장인도 늘고 있다. 직장인 1153명을 대상으로 육아휴직을 주제로 설문을 실시했다. 남성 응답자 중 53.9%가 '육아휴직 사용 계획이 있다'고 답했다.

(파이낸셜뉴스, 2020. 08. 06.)

◆ 어떤 문화가 사회 전반에 퍼지고 있나요?

1인 문화 일과 가정의 양립 문화 비대면 문화

◆ 무엇을 희망하는 남성 직장인이 늘고 있나요?

연수 육아휴직 승진

◆ 누구를 대상으로 설문을 실시했나요?

직장인 전업주부 학생

◆ 남성 응답자 중 몇 프로가 육아휴직 사용 계획이 있다고 했나요?

약 30% 약 40% 약 50%

20. 장마철 습도가 올라가면서 곰팡이 관리에 주의해야 한다. 곰팡이는 고온다습한 환경에서 피어난다. 장마 기간에는 곰팡이와 세균의 번식 속도가 2배에서 3배 빠르다. 곰팡이균이 호흡기나 식도 등 체내에 들어가면 기관지염을 유발하기도 한다.

(조선비즈, 2020. 08. 08.)

◆ 장마철에 무엇을 주의해야 하나요?

습진 곰팡이 홍수

◆ 곰팡이는 어떤 환경에서 피어나나요?

건조한 환경 폐쇄된 환경 고온 다습한 환경

◆ 장마 기간에는 곰팡이와 세균의 번식 속도가 몇 배 빠른가요?

2~3배 3~4배 5배 이상

◆ 곰팡이균이 체내에 들어가면 무엇을 유발할 수 있나요?

장염 식도염 기관지염

5문장으로 구성된 기사문

1. 7월 은행권 금리가 역대 최저 기록을 또 경신하며 하락세를 이어갔다. 정기예금의 연 이자가 1%에 못 미친다. 보증대출과 주택담보대출 금리도 모두 내렸다. 반면 신용대출 금리의 경우 하락폭이 제한됐다. 상호저축은행의 경우에는 대출 금리가 약간 올랐다. (108음절) (한국일보, 2020. 08. 28.)

◆ 무엇에 대한 뉴스인가요?

정치　　범죄　　금리

◆ 금리가 언제 가장 낮았나요?

7월　　10월　　12월

◆ 보증대출과 또 무엇의 금리가 내렸나요?

신용대출　　주택담보대출　　창업대출

◆ 정기예금의 연 이자는 몇 퍼센트인가요?

1% 이하　　1.2%　　2.2%

◆ 어느 은행의 대출금리가 올랐나요?

한국은행　　국민은행　　상호저축은행

2. 폐암은 우리나라의 20년째 암 사망률 1위의 암이다. 올해 10만 명당 35.1명의 사망률로 다른 암보다 사망률이 압도적으로 높다. 폐암의 85%가량이 비소세포 폐암이다. 이를 극복하기 위한 치료제 제조에 두각을 보이는 국내 중소기업이 있다. '에어비온'이 그곳이다. (117음절) (디지털타임즈, 2020. 09. 20.)

◆ 우리나라의 암 사망률 1위는 무엇인가요?

갑상선암 폐암 피부암

◆ 폐암은 몇 년째 암 사망률 1위인가요?

5년 10년 20년

◆ 비소세포 폐암은 전체 폐암에서 몇 프로인가요?

55% 85% 90%

◆ 10만 명당 몇 명이 폐암인가요?

30명 대 60명 대 90명 대

◆ 치료제 제조 기업인 '에어비온'은 어느 나라의 기업인가요?

칠레 한국 러시아

3. 노동절 사흘 연휴 동안 40도가 넘는 더위를 기록한 미국 콜로라도주에서 기온이 급격히 떨어졌다. 북쪽에서 유입된 한랭전선이 확장한 것이다. 덴버에는 20년 만에 첫눈이 내렸다. 한랭전선으로 겨울 폭풍이 닥칠 것이라고 밝혔다. 그러나 주말 사이에 다시 영상으로 회복될 전망이다. (119음절)

(한국일보, 2020. 09. 09.)

- 무엇에 대한 뉴스인가요?

여행 날씨 사고

- 어느 주에서 40도가 넘는 더위를 기록했나요?

뉴욕주 텍사스주 콜로라도주

- 왜 온도가 급격히 떨어졌나요?

방하가 녹아서 남동풍이 불어서 한랭전선이 커져서

- 어디에 첫눈이 내렸나요?

뉴욕 덴버 하와이

- 언제 날씨가 영상으로 회복되나요?

평일 주말 연말

4 캐나다 동부 지역에서 폭설로 도시가 마비되었다. 최대 76㎝의 눈이 쌓여 일부 주민들은 집 안에 갇혔다. 워낙 많은 눈이 한꺼번에 쏟아진 탓에 캐나다 당국은 제설작업을 포기했다. 그리고 공공기관을 모두 폐쇄했다. 구급차도 출동이 어려운 상황에 군인들이 나서서 주민들을 구조하고 있다. (121음절)

(JTBC, 2020. 01. 20.)

◆ 어느 나라에서 일어난 일인가요?

미국 캐나다 한국

◆ 눈은 최대 몇 센티미터까지 쌓였나요?

56㎝ 76㎝ 97㎝

◆ 왜 도시가 마비되었나요?

정전으로 폭설로 사고로

◆ 무엇을 폐쇄했나요?

병원 마트 공공기관

◆ 누가 주민들을 구조하고 있나요?

응급구조사 경찰 군인

5. 가공식품을 많이 먹으면 더 빨리 늙는다는 연구 결과가 나왔다. 가공식품은 기름, 지방, 당분 등으로만 이뤄진 음식이다. 가공식품을 자주 먹는 집단은 심혈관 질환, 당뇨병 등의 가족력이 있는 경우가 많았다. 또 지중해식 식단인 섬유질, 과일 등도 적게 섭취했다. 본 연구는 올해 초 미국 학술지에 게재됐다. (128음절)

(NEWS1, 2020. 09. 01.)

◆ 무엇에 대한 뉴스인가요?

유기농식품 가공식품 건강식품

◆ 가공식품을 많이 먹으면 어떻게 되나요?

키가 큰다 머리카락이 빠진다 빨리 늙는다

◆ 섬유질, 과일 등으로 구성된 식단은 무엇인가요?

인도식 식단 지중해식 식단 아시아식 식단

◆ 무슨 집단에 심혈관 질환, 당뇨병 등의 가족력이 있었나요?

가공식품을 자주 먹는 집단 운동을 하지 않는 집단 우울증을 앓는 집단

◆ 본 연구는 어느 나라의 학술지에 게재되었나요?

영국 독일 미국

6. 중국 서부 카슈가르 지역에서 규모 6.4의 지진이 일어났습니다. 진앙에서 90㎞ 떨어진 지역에서도 진동이 느껴질 만큼 강한 지진이었습니다. 이후 규모 3.0 이상의 여진이 6차례 이어졌습니다. 현재까지 보고된 인명 피해는 없는 것으로 알려졌습니다. 현지 구조대원이 정확한 피해 상황을 파악하고 있습니다. (132음절)

(JTBC, 2020. 01. 20.)

◆ 어느 나라에서 일어난 일인가요?

일본　　필리핀　　중국

◆ 무엇이 발생했나요?

태풍　　지진　　건물 붕괴

◆ 지진의 규모는 몇이었나요?

3.2　　4.5　　6.4

◆ 여진은 몇 차례 있었나요?

2번　　4번　　6번

◆ 누가 피해 상황을 확인 중인가요?

경찰　　구조대원　　시민들

7. LG전자가 자율주행 서비스 로봇을 출시하였다. 1호 로봇은 종로구 연건동의 서울대병원에 공급하였다. 자율주행 서비스 로봇은 병원에서 처방약, 수액, 소모품 등을 운반하는 데 활용된다. 이달부터는 계절밥상, 제일제면소 등의 음식점에서도 사용될 예정이다. 목적지 여러 곳을 선정해 순차적으로 배송할 수도 있다. (135음절)

(문화일보, 2020. 07. 08.)

- 무엇에 대한 뉴스인가요?

자율주행 자동차　　자율주행 로봇　　드론

- 1호 로봇은 어디로 갔나요?

병원　　학교　　은행

- 1호 로봇의 사용 목적은 무엇인가요?

운반　　환자 구조　　길 안내

- 이달부터는 어디서 사용될 예정인가요?

우체국　　공항　　음식점

- 어느 회사에서 출시했나요?

삼성전자　　LG전자　　애플

8. 몸의 특정 부위에서 경련이 일어나는 증상을 흔히 '쥐가 났다'고 말한다. 주로 하체에서 일어나지만 신체의 전반에서 일어날 수 있다. 경련이 일어나는 명확한 기전은 밝혀지지 않았다. 그러나 영향을 주는 요소에는 격한 운동, 수면 부족 등이 있다. 갑자기 다리에 쥐가 나면 다리를 곧게 핀 채 스트레칭을 하는 것이 도움이 된다. (135음절) (YTN, 2020. 11. 28.)

◆ 무엇에 대한 뉴스인가요?

경련 무호흡 증상 상체 운동

◆ 경련은 주로 어느 부위에서 일어나나요?

가슴 하체 머리

◆ 경련이 일어나는 증상을 흔히 무엇이라고 말하나요?

쥐가 났다 간지럽다 어지럽다

◆ 경련에 영향을 주는 요소는 무엇인가요?

흡연 과식 격한 운동과 수면 부족

◆ 다리에 쥐가 나면 어떻게 하는 것이 도움이 되나요?

달리기를 한다 스트레칭을 한다 진통제를 먹는다

9. LG전자에서 올해 출시한 올레드TV가 호주의 유력 잡지에서 최고의 추천 제품으로 선정되었다. 화질, 음질 등 두루 호평을 받았다. 주요 제조사들이 호주에 출시한 41종 중 가장 높은 점수를 받았다. 또 2위와 3위도 LG전자의 TV로 선정되었다. 특히 LG의 올레드 기술은 화소 하나하나가 스스로 빛을 내는 강점이 있다. (136음절)

(부산일보, 2020. 09. 04.)

◆ 무엇에 대한 뉴스인가요?

에어컨　　노트북　　텔레비전

◆ 올레드TV는 언제 출시됐나요?

재작년　　작년　　올해

◆ 올레드TV는 어느 나라에서 최고의 추천 제품으로 선정되었나요?

미국　　인도　　호주

◆ 올레드TV의 제조사는 어디인가요?

LG화학　　삼성전자　　LG전자

◆ LG전자는 어떤 기술을 이용했나요?

올레드　　블루라이트　　백라이트

10. 페이스북 계정을 이용해 다른 홈페이지에 접속하는 사람들이 많습니다. 이른바 '소셜 로그인'입니다. 그런데 접속 과정에서 본인은 물론 페이스북 친구들의 개인정보까지 고스란히 넘어 갑니다. 친구의 동의도 없이 개인정보가 유출되는 셈입니다. 이에 따라 개인정보위는 페이스북에 67억 원의 과징금을 부과하고 형사 고발할 방침입니다. (143음절) (KBS NEWS, 2020. 11. 25.)

◆ 무엇에 대한 내용인가요?

저작권 침해 선거권 침해 개인정보 유출

◆ 어떤 계정을 이용해 다른 홈페이지에 접속할 수 있나요?

페이스북 회사 메일 공용 계정

◆ 페이스북 계정으로 다른 홈페이지에 접속하는 것을 뭐라고 하나요?

네트워킹 소셜 로그인 아웃소싱

◆ 어느 기관에서 페이스북에 과징금을 부과했나요?

검찰청 교육부 개인정보위

◆ 개인정보위는 페이스북에 과징금을 얼마나 부과했나요?

36억 50억 67억

11. 프랑스에서 채식 전문 레스토랑으로는 최초로 미슐랭 원스타를 받은 셰프가 탄생했다. 애초에 대출을 받으려고 하였지만 채식은 전망이 밝지 않다는 이유로 거절당했다고 한다. 그래서 2016년 크라우드 펀딩으로 레스토랑 문을 열었다. 개업을 준비할 때 자원봉사자 80여 명의 도움도 받았다. 셰프는 인터뷰에서 자원봉사자들에게 감사를 표했다. (146음절) (매일경제, 2021. 01. 19.)

◆ 어느 나라에서 있었던 일인가요?

캐나다 프랑스 스위스

◆ 무엇을 전문으로 하는 레스토랑인가요?

채식 육식 한식

◆ 왜 대출을 받을 수 없었나요?

채식은 전망이 밝지 않아서 채무가 많아서 정부에서 대출을 규제해서

◆ 사업자금을 어떻게 모금했나요?

가족의 도움으로 광고를 통해서 크라우드 펀딩으로

◆ 셰프는 인터뷰에서 누구에게 감사를 표했나요?

부모님 자원봉사자 직원

12. 경찰은 최근 사이버 범죄 상담 시스템을 통해 본 신고를 접수했다. 남성 목욕탕 내부 화면이 공유됐다는 신고에 내사를 착수했다. 목욕탕 탈의실로 보이는 공간에서 남성들이 옷을 갈아입는 화면이 공유되었다. 이 화면은 카카오톡 단체 대화방에 올려졌다고 한다. 목욕탕 CCTV는 불법이지만 오래된 곳이라 아직 설치되어 있는 것으로 보인다고 말했다. (146음절) (세계일보, 2020. 08. 22.)

◆ CCTV는 어디에 설치되어 있었나요?

독서실 아파트 입구 목욕탕

◆ 누가 수사를 시작했나요?

경찰 탐정 검찰

◆ 어떻게 신고가 접수되었나요?

피해자가 직접 신고 사이버 시스템으로 익명의 문자로

◆ CCTV 화면은 무엇을 통해 공유되었나요?

인터넷 문자 카카오톡

◆ 왜 목욕탕에 CCTV가 설치되어 있나요?

목욕탕이 오래되어서 누군가 몰래 설치해서 도난방지를 위해서

13. 지난 6월 아프리카 보츠와나에서 약 350마리의 코끼리가 죽은 채 발견됐습니다. 이후 코끼리의 떼죽음이 아프리카에 퍼지기 시작했습니다. 코끼리의 죽음은 밀렵꾼의 소행으로 보긴 어렵다는 판단이 나왔습니다. 의문의 떼죽음에 전문가들을 모아 조사단을 꾸려 사인 확인에 나섰습니다. 조사 결과, 사인은 물웅덩이 속 박테리아 때문이었습니다. (146음절) (중앙일보, 2020. 10. 03.)

◈ 언제 있었던 일인가요?

3월 6월 12월

◈ 어느 나라에서 있었던 일인가요?

가나 남아프리카공화국 보츠와나

◈ 무슨 동물이 떼죽음을 당했나요?

낙타 코끼리 캥거루

◈ 약 몇 마리의 코끼리가 떼죽음을 당했나요?

150마리 250마리 350마리

◈ 코끼리 떼죽음의 원인은 무엇이었나요?

밀렵꾼의 소행 박테리아 노화

14. 이번 신제품은 스스로 건강을 챙기는 젊은 세대를 겨냥하였다. 기존 홍삼 브랜드에서 볼 수 없었던 톡톡 튀는 색감과 그림을 사용하였다. 휴대가 간편한 스틱 형태로 주머니에 넣어 다니며 음용이 가능하다. 최근 건강관리의 중요성이 커지며 홍삼을 접하는 나이대가 어려지는 추세이다. 업무에 지친 직장인, 공부하는 학생에게 활력을 보충해 줄 수 있는 제품이다. (149음절)

(Moneys, 2020. 09. 10.)

◆ 무엇에 대한 뉴스인가요?

두유 홍삼 사과즙

◆ 누구를 겨냥한 신제품인가요?

노년 청년 중장년

◆ 신제품은 어떤 형태로 만들었나요?

스틱형 팩형 주머니형

◆ 홍삼을 접하는 나이가 왜 어려졌나요?

가족의 권유 때문 건강관리의 중요성 때문 스트레스 때문

◆ 홍삼은 지친 현대인들에게 무엇을 보충해 주나요?

비타민 근력 활력

15. 미국 국립기상청 플로리다주 마이애미 지부의 트위터에 이구아나를 조심하라는 경고 메시지가 올라왔다. 기온이 섭씨 4도 아래로 떨어지면서 한파가 찾아왔다. 추위에 몸이 마비된 이구아나들이 나무에서 떨어지는 일이 벌어지고 있다. 얼어붙은 이구아나는 언뜻 죽은 것처럼 보이지만 기온이 오르면 다시 움직인다. 가까이 다가가면 공격할 수도 있으니 접근하지 않는 것이 좋다. (157음절)

(JTBC, 2020. 01. 23.)

◆ 어디에 경고 메시지가 올라왔나요?

인스타그램 트위터 페이스북

◆ 어느 나라에서 일어난 일인가요?

미국 영국 필리핀

◆ 나무에서 무엇이 떨어졌나요?

사과 이구아나 먼지

◆ 왜 이구아나들이 나무에서 떨어졌나요?

졸다가 싸우다가 몸이 마비되어서

◆ 왜 이구아나에게 접근하지 않는 것이 좋나요?

독이 있어서 공격할 수 있어서 정부의 방침으로

16. 신종 코로나바이러스가 전 세계적으로 유행하면서 세계 각지의 의료진들이 이에 맞서고 있다. 의료진들을 응원하고 코로나바이러스 대응 기금을 모으기 위한 온라인 자선 콘서트가 열렸다. 테일러 스위프트, 셀린 디옹 등 가수 60팀 이상이 출연했다. 콘서트는 8시간 동안 중계되었다. 출연자들은 함께 위기를 이겨내려는 마음만큼은 하나로 연결되어 있음을 노래와 메시지로 전했다. (160음절)

(디지털타임스, 2020. 04. 19.)

◆ 무엇이 전 세계적으로 유행하고 있나요?

드라마 코로나바이러스 패션

◆ 무엇이 열렸나요?

강연회 연극 자선 콘서트

◆ 왜 자선 콘서트가 열렸나요?

의료진 응원과 기금 마련 학교 설립 기금 마련 바이러스 백신 개발 응원

◆ 콘서트는 몇 시간 동안 중계됐나요?

이틀간 4시간 8시간

◆ 함께 위기를 이겨내려는 마음을 어떻게 전했나요?

노래와 메시지 편지 연설

17. 미국 공휴일인 노동절에 수억 원 가치의 다이아몬드를 캔 은행원이 화제다. 은행원 케빈 키나드는 아칸소 다이아몬드 분화구 주립공원에서 9.07캐럿의 다이아몬드를 캤다. 이곳은 방문자가 입장료 10달러만 내면 다이아몬드를 캘 수 있는 채굴 공원이다. 1906년 이후 현재까지 7만 5000개 이상의 다이아몬드가 이 공원에서 발견됐다. 보통 0.25캐럿 정도의 작은 다이아몬드가 매일 한두 개 정도 채굴된다. (175음절)

(중앙일보, 2020. 10. 03.)

◆ 케빈 키나드의 직업은 무엇인가요?

광부　　감정사　　은행원

◆ 언제 다이아몬드를 캤나요?

노동절　　새해　　성탄절

◆ 몇 캐럿의 다이아몬드를 캤나요?

0.25캐럿　　5.5캐럿　　9.07캐럿

◆ 아칸소 다이아몬드 분화구 주립공원의 입장료는 얼마인가요?

10달러　　20달러　　50달러

◆ 언제부터 공원에서 다이아몬드가 발견되기 시작했나요?

1800년대　　1900년대　　2000년대

18. 역대 최장의 장마로 '물폭탄'이 덮친 한반도와 정반대로 유럽은 요즘 '열폭탄'에 시달리고 있다. 형태는 다르지만 둘 다 온난화가 불러온 재앙이다. 지역에 따라, 시기에 따라 극단적으로 바뀌는 날씨는 예측도 어렵다. 30년 후에는 1억 4000만 명이 '기상 난민'으로 전락할 것이란 암울한 전망이 나온다. 물 부족에 흉작으로 고통받고, 해수면 상승에 살던 곳을 떠나야 하는 사람들이 그만큼 늘어날 것이란 얘기다. (176음절) (중앙일보, 2020. 08. 08.)

◆ 한반도에는 무엇이 지속되고 있나요?

미세먼지　　폭염　　장마

◆ 유럽은 무엇에 시달리고 있나요?

물폭탄　　열폭탄　　장마

◆ 역대 최장의 장마가 왜 지속되고 있나요?

온난화 때문에　　지진 때문에　　행성 충돌 때문에

◆ 30년 후에는 어떤 전망이 나오고 있나요?

1억 명 이상이 기상 난민으로 전락한다

폭설이 내린다

숲이 사라진다

◆ 온난화로 무엇이 상승할 것이라고 예측하나요?

기초 체온　　해수면　　미세먼지 농도

19. 태국 방콕은 대기오염 물질로 대기가 온통 뿌옇습니다. 악화된 대기질에 방콕에 있는 400여 곳의 학교엔 휴교령이 내려졌습니다. 시민들은 대기오염에 대해 정부가 근본적인 해결책을 내놔야 한다고 비판의 목소리를 높였습니다. 이러한 비난 여론에 태국 총리는 오히려 시민들에게 대기오염에 책임이 있다며 시민들을 범인이라고까지 말했습니다. 뾰족한 대책이 없는 상황에 대기오염으로 인한 시민들의 불편과 불만이 커지고 있습니다. (182음절) (JTBC, 2020. 01. 23.)

◆ 어느 나라에서 일어난 일인가요?

태국 대만 베트남

◆ 대기가 왜 뿌옇게 흐려졌나요?

날씨가 흐려서 대기오염 물질 때문에 산불 때문에

◆ 대기질이 심각하게 악화되어 어떤 방침이 내려졌나요?

외출금지 휴교령 일회용품 사용 금지

◆ 얼마나 많은 학교에 휴교령이 내려졌나요?

100여 곳 200여 곳 400여 곳

◆ 총리는 이 문제를 누구의 잘못이라고 했나요?

환경단체 이웃나라 시민들

20. 이집트의 사진작가와 여성 모델이 피라미드 앞에서 외설적인 사진을 찍었다는 이유로 당국에 체포되는 일이 벌어졌다. 이들의 사진이 이집트의 유물 관리 규정에 어긋났기 때문이다. 이집트 관광 유물부는 고대의 피라미드 유적지에서 외설스럽고 무례한 사진을 촬영하는 것을 엄격히 금지하고 있다. 소셜미디어를 통해 공개된 모델의 사진에 대해 조롱, 비난, 응원 등 다양한 반응이 나왔다. 올해 많은 이집트 여성이 소셜미디어 활동을 하다가 풍기 문란을 이유로 체포당했다. (196음절)

(연합뉴스, 2020. 12. 03.)

◆ 어느 나라에서 일어난 일인가요?

요르단 러시아 이집트

◆ 어디서 사진을 찍었나요?

광장 앞 피라미드 앞 성당 앞

◆ 여성 모델은 어떻게 되었나요?

체포되었다 집행 유예되었다 벌금을 냈다

◆ 모델의 사진은 무엇을 통해 공개되었나요?

인터넷 게시판 채팅 소셜미디어

◆ 왜 이집트의 많은 여성이 체포되었나요?

교통법 위반으로 풍기 문란을 이유로 누명으로

6문장으로 구성된 기사문

1. 제주항공이 일몰 · 일출관광 비행 이벤트를 진행한다고 밝혔다. 일몰 비행은 김포에서 출발한다. 일출 비행은 부산에서 출발해 포항 상공을 통과할 예정이다. 비행시간은 약 두 시간이다. 비행 중에는 특별한 기념품이 제공된다. 한편 착륙지 없이 외국 영공을 통과하는 국제관광 비행도 이르면 이달 시행될 전망이다. (131음절)

(한국경제, 2020. 12. 07.)

◆ 어느 항공사에서 진행하는 여행 상품인가요?

대한항공 제주항공 영국항공

◆ 무엇을 관광하는 상품인가요?

해외 밀물과 썰물 일몰과 일출

◆ 일몰 비행은 어디에서 출발하나요?

김포 양양 성남

◆ 일출 비행은 어디를 통과할 예정인가요?

일본 상공 평양 상공 포항 상공

◆ 비행 중에는 무엇이 제공되나요?

기념품 초대장 환영회

2. 사려니 숲길은 제주의 숨은 비경 31곳 중 하나이다. 비자림로를 시작으로 남조로 출구까지 이어진 숲길이다. 전체 길이는 약 10km에 이른다. 사려니 숲길은 삼나무뿐만 아니라 다양한 수종으로 빽빽하다. 매년 전문가와 함께하는 숲길 탐방 행사도 열린다. 최근에는 보행약자층이 쉽게 숲을 이용할 수 있도록 시설을 보강하고 있다. (139음절)

(매일경제, 2021. 03. 27.)

◆ 무엇에 대한 뉴스인가요?

사려니 숲길　　용눈이 오름　　올레길

◆ 사려니 숲길은 어느 길에서 시작되나요?

구미로　　비자림로　　서귀포로

◆ 사려니 숲길의 전체 길이는 약 몇 km인가요?

5km　　10km　　15km

◆ 매년 어떤 행사가 열리나요?

나무 심기 행사　　환경보호 행사　　숲길 탐방 행사

◆ 최근 누구를 위해 시설을 보강하였나요?

청각장애인　　보행약자　　외국인

3. 필리핀에 사는 로레인의 남편은 코로나19 봉쇄 때문에 근무 시간이 절반으로 줄었다. 남편 월급의 절반은 아파트 월세로 나간다. 생계비가 부족해진 필리핀인들 사이에 물물교환 장터가 뜨고 있다. 로레인은 아기가 입던 후드티를 쌀과 바꿨다. 나이키 신발과 치킨 한 마리 교환도 하였다. 주로 교환되는 물품은 이와 같이 식료품이나 잡화 종류다. (143음절) (경향신문, 2020. 09. 02.)

- 어느 나라에서 일어난 일인가요?

필리핀 태국 홍콩

- 남편의 근무 시간이 왜 줄었나요?

코로나19 때문에 직원이 많아서 육아 문제로

- 남편 월급의 절반은 무엇으로 쓰나요?

학비 월세 저축

- 필리핀에서 왜 물물교환 장터가 인기있나요?

유행이라서 안 쓰는 물건이 많아서 생계비가 부족해서

- 누가 입던 옷을 쌀과 바꾸었나요?

아기 남편 어머니

4. LG전자가 탈모 치료용 의료기기인 'LG 프라엘 메디헤어'의 연내 출시를 앞두고 있다. 출시 전, 효능을 입증하는 임상실험 결과를 공개했다. LG전자는 분당서울대병원에 의뢰해 성인 남녀 46명을 대상으로 실험을 진행했다. 참가자는 주 3회씩 16주간 기계를 사용하였다. 사용 전과 비교하였을 때, 모발의 밀도와 굵기가 두꺼워진 것으로 나타났다. 또한 이 제품은 미국 식품의약국으로부터 승인받은 바 있다. (175음절) (문화일보, 2020. 09. 21.)

◆ 무엇에 대한 뉴스인가요?

가구 의료기기 휴대폰

◆ 무엇을 치료하는 기기인가요?

피부병 탈모 어깨 통증

◆ 탈모 치료용 기기는 언제 출시하나요?

올해 내년 이번 달

◆ LG전자는 어느 곳에 임상실험을 의뢰하였나요?

연구소 대학병원 복지관

◆ 이 제품은 어느 나라에서 승인을 받았나요?

프랑스 영국 미국

5. 갈라진 얼음판 위에 수백 명이 고립돼 있습니다. 러시아 사할린주에서 벌어진 일입니다. 얼음판이 갑자기 크게 갈라지면서 낚시꾼 약 600명이 바다 위에 고립된 것입니다. 얼음판 사이가 최대 3m가량 벌어져서 낚시꾼들이 스스로 이동하기엔 불가능한 상황이었습니다. 현장에 출동한 구조대가 신고접수 6시간여 만에 이들을 모두 안전하게 구조했습니다. 사할린 지부는 얼음판이 갈라질 위험이 있으니 얼음낚시를 자제해 달라며 주의를 당부했습니다. (189음절)

(JTBC, 2020. 01. 30.)

◆ 어느 나라에서 일어난 일인가요?

노르웨이　　러시아　　스웨덴

◆ 누가 고립되었나요?

학생　　일가족　　낚시꾼

◆ 왜 고립되었나요?

얼음판이 갈라져서　　다리가 붕괴돼서　　지진으로

◆ 몇 시간 만에 구조되었나요?

6시간　　8시간　　10시간

◆ 사할린 지부에서 무엇을 자제하라고 하였나요?

아이스 스케이트　　얼음낚시　　스키

6. 덥고 습한 여름에 잘 생기는 무좀은 겨울엔 방심하기 쉽다. 그러나 무좀은 계절과 상관없이 번식할 수 있어 주의가 필요하다. 특히 겨울철에는 통풍이 잘 되지 않는 스타킹, 두꺼운 양말, 부츠 등을 장시간 착용하면 발에 통풍이 어려워 땀이 나고 습해진다. 이때 무좀균이 쉽게 침투하고 증식할 수 있어 관리가 필요하다. 부츠나 두꺼운 신발을 신고 출근했다면 실내에서는 슬리퍼로 갈아 신는 게 좋다. 또한 통풍이 어려운 신발은 자주 환기하고, 외출 후에는 발을 깨끗이 씻는 것도 중요하다. (200음절) (헬스조선, 2020. 12. 08.)

◆ 무엇에 대한 내용인가요?

습진 화상 무좀

◆ 무좀은 주로 어느 계절에 잘 생기나요?

겨울 여름 가을

◆ 왜 무좀은 여름에 잘 생기나요?

서늘해서 햇빛 때문에 습해서

◆ 통풍이 어려운 신발은 어떻게 관리해야 하나요?

자주 환기한다 물에 담가 둔다 방향제를 사용한다

◆ 외출 후에는 어떻게 해야 하나요?

운동한다 약을 먹는다 발을 씻는다

7. 여든을 훌쩍 넘긴 기초생활수급자 할머니가 정부지원금을 기부해 감동을 주고 있다. 부산진구청에 따르면 할머니가 최근 구청장실을 찾아와 1100만 원을 기부했다고 한다. 젊은 시절에는 장사하며 자식을 키우다 현재는 정부지원금으로 생활하고 있었다. 형편을 알게 된 구청장은 만류하였으나 반드시 기부하고 싶다는 그 의지를 꺾을 수는 없었다. 이름은 물론 아무것도 밝히지 말아 달라고 할머니는 당부하였다. 구청 측이 후원자에게 주는 감사선물인 수건 세트도 거절하였다고 한다. (202음절)

(문화일보, 2020. 09. 19.)

◆ 누가 정부지원금을 기부하였나요?

아저씨　　할머니　　학생

◆ 어느 도시에서 있었던 일인가요?

부산　　서울　　안동

◆ 할머니의 기부금은 얼마인가요?

100만 원　　1100만 원　　2000만 원

◆ 할머니는 무엇을 부탁하였나요?

아무것도 밝히지 말라　　금액을 밝히지 말라　　소문을 내달라

◆ 구청은 후원자에게 무엇을 주나요?

상품권　　수건 세트　　참치 세트

8. 심장 질환은 현대인들의 생명을 위협하는 가장 큰 질병 중 하나다. 미국 심장협회에 따르면 2018년 기준으로 26만 명 이상이 심장 질환으로 사망했다. 미국에서는 심장 질환이 사망 원인 1위를 차지했으며, 한국에서도 암에 이어 사망 원인 2위가 심장 질환이었다. 다른 많은 질환들이 그렇지만, 심장 질환에 가장 큰 영향을 주는 것은 식단과 운동이다. 특히 일부 음식들은 지속적으로 섭취할 경우 심혈관계 질환의 가능성을 크게 높인다. 튀긴 음식, 탄산음료, 지나친 달걀 섭취, 붉은 육류, 베이컨 등이 해당된다. (215음절) (코메디닷컴, 2021. 04. 04.)

◆ 무슨 질환에 대한 설명인가요?

암　　심장 질환　　뇌 질환

◆ 2018년 기준으로 몇 명 이상이 심장 질환으로 사망했나요?

13만 명　　26만 명　　32만 명

◆ 한국에서 사망 원인 1위는 무엇인가요?

암　　심장 질환　　뇌 질환

◆ 심장 질환에 가장 큰 영향을 주는 것은 식단과 무엇인가요?

가계력　　기저 질환　　운동

◆ 심혈관계 질환의 가능성을 높이는 음식에는 무엇이 있나요?

튀긴 음식　　채소　　녹차

9. 세계 최대 소셜 네트워크 서비스인 페이스북에서 약 5억 3300만 명의 개인정보가 유출된 것으로 드러났다. 이중엔 한국 이용자 12만여 명의 개인정보도 포함돼 있었다. 개인정보 유출 피해는 미국 내 이용자가 3231만여 명으로 가장 많았다. 유럽에서도 프랑스, 영국, 독일 등의 피해가 컸다. 유출된 개인정보는 페이스북 이용자들의 전화번호와 이름, 거주지, 생일, 이력 등이었다. 이에 대해 페이스북은 유출된 데이터가 '아주 오래된 것일 뿐'이라며 '2019년 8월 수정한 보안 취약점과 관련된 것'이라고 밝혔다. (222음절) (중앙일보, 2021. 04. 04.)

◆ 무엇이 유출되었나요?

성적 계좌번호 개인정보

◆ 어느 회사에서 일어난 문제인가요?

구글 페이스북 마이크로소프트

◆ 한국 이용자의 개인정보 유출은 몇 명 정도인가요?

10만 명 12만 명 18만 명

◆ 개인정보 유출 피해는 어느 나라에서 가장 많았나요?

미국 영국 독일

◆ 페이스북은 몇 년도에 보안 취약점을 수정했나요?

2016년 2019년 2020년

10. 가장 뚱뚱한 아이로 알려졌던 인도네시아의 한 소년이 무려 109㎏을 감량해 화제가 되고 있다. 열 살이던 지난 2016년, 몸무게 190㎏이 넘는 거구의 소년은 혼자 일상생활을 하는 것조차 불가능했다. 이듬해 위를 원래 크기의 30%만 남기는 축소 수술을 받은 뒤 꾸준히 운동을 했다. 3년간의 노력 끝에 몸무게를 현재는 83㎏ 수준을 유지 중이다. 살을 빼면서 늘어진 피부를 제거하기 위해 추가 수술을 받을 예정이다. 건강한 모습을 되찾은 소년은 혼자 할 수 있는 일이 많아졌다며 다시는 과거의 모습으로 돌아가고 싶지 않다고 말했다. (224음절)

(JTBC, 2020. 01. 30.)

◆ 가장 뚱뚱한 아이로 알려진 소년은 어느 나라 사람인가요?

필리핀　　네팔　　인도네시아

◆ 몇 년 동안 체중을 감량했나요?

3년　　5년　　10년

◆ 몇 살 때 190㎏이 나갔나요?

열 살　　열다섯 살　　열여덟 살

◆ 위를 원래 크기의 몇 프로만 남겼나요?

30%　　40%　　50%

◆ 왜 추가적인 수술을 받을 예정인가요?

건강 악화로　　미용 목적으로　　늘어진 살을 제거하기 위해서

쉬어가기(낱말 퍼즐)

📖 낱말 퍼즐을 완성하세요.

보기

태권도 / 생선 / 생일 / 지도 / 고무장갑 / 지갑 / 옷장

1 2					4
				3	
7					
			5 6		

가로 퍼즐

1. 태어난 날을 뭐라고 하나요?
3. 옷은 어디에 보관하나요?
5. 길을 찾을 때 무엇을 보나요?
7. 우리나라 전통 무예는 무엇인가요?

세로 퍼즐

2. 먹기 위해 잡은 물고기를 뭐라고 하나요?
4. 설거지를 할 때 무엇을 끼나요?
6. 돈은 어디에 넣어 다니나요?

참고문헌

국립국어원(2003). 한국어학습용어휘목록.

김수련(2002). 브로카 실어증 환자의 이름대기 과제와 이야기산출 과제 시 명사와 동사의 산출 비교. 연세대학교 대학원 석사학위 논문.

김영태(2014). 아동언어장애의 진단 및 치료. 서울: 학지사.

김향희(2013). 신경언어장애. 서울: 시그마프레스.

박혜원(2015). 동사 이름대기 검사 개발 및 적용. 연세대학교 박사학위 논문.

서혜경(2017). 외상성 뇌손상 환자의 이야기 이해 수행력 및 오류 유형. 연세대학교 대학원 석사학위 논문.

이병택, 김경중, 조명한(1996). 읽기폭에 따르는 언어처리의 개인차: 작업기억과 언어이해. 한국심리학회지, 8(1), 59–85.

현정문(2003). 베르니케실어증과 브로카실어증 환자들의 명사와 동사 인출 비교. 연세대학교 석사학위 논문.

Armus, S. R., Brookshire, R. H., & Nicholas, L. E. (1989). Aphasic and non-brain-damaged adults' knowledge of scripts for common situations. *Brain and Language, 36*(3), 518–528.

Brooks N., McKinlay W., Symington C., Beattie A., & Campsie L. (1987). Return to work within the first seven years of severe head injury. *Brain Inj, 1*(1), 5–19.

Brookshire, R. H., & McNeil, M. R. (2014). *Introduction to Neurogenic Communication Disorders*. Mosby.

Chapey, R. (2008). *Language intervention strategies in aphasia and related neurogenic communication disorders* (5th ed.). Lippincott Williams & Wilkings.

Coelho C. A., Grela B., Corso M., Gamble A., & Feinn R. (2005). Microlinguistic deficits in the narrative discourse of adults with traumatic brain injury. *Brain Inj, 19*(3), 1139–45.

Hegde, M. N. (2006). *A coursebook on aphasia and other neurogenic language disorders* (3rd ed.). Thomson Delmar Learning.

Schuell, H., & Jenkins, J. J. (1964). Further work on language deficit in aphasia. *Psychological Review, 71*(2), 87–93.

https://www.asha.org/slp/cognitive-referral/

https://theconversation.com/what-brain-regions-control-our-language-and-how-do-we-know-this-63318

https://medicine.yonsei.ac.kr/postgraduate/cooperation/lan_path/lan_introduction/

저자 소개

김주연 (Kim, JuYeon)

1급 언어재활사(보건복지부)
진술조력인(법무부)
연세대학교 대학원 언어병리학협동과정 석사
현 분당서울대학교병원 재활의학과

서혜경 (Seo, HyeGyeong)

1급 언어재활사(보건복지부)
청각사(대한이비인후과학회)
연세대학교 대학원 언어병리학협동과정 석사
현 가톨릭대학교 은평성모병원 재활의학팀

실어증 및 인지의사소통장애를 위한
언어재활 워크북 (이해력 편)
A Workbook for Aphasia and Cognitive Communication Disorder (Comprehension)

2021년 8월 20일 1판 1쇄 발행
2024년 8월 20일 1판 4쇄 발행

지은이 • 김주연 · 서혜경
펴낸이 • 김진환
펴낸곳 • (주) 학지사
04031 서울특별시 마포구 양화로 15길 20 마인드월드빌딩
대표전화 • 02)330-5114 팩스 • 02)324-2345
등록번호 • 제313-2006-000265호

홈페이지 • http://www.hakjisa.co.kr
인스타그램 • https://www.instagram.com/hakjisabook

ISBN 978-89-997-2456-5 93370

정가 22,000원